股浪语

U0993707

投资胜手

资深白金投资顾问为你挖掘常识中的财富密码

马 欣◎著

中国经济出版社
CHINA ECONOMIC PUBLISHING HOUSE
·北 京·

图书在版编目（CIP）数据

投资胜手：资深白金投资顾问为你挖掘常识中的财富密码 / 马欣著 . -- 北京：中国经济出版社，2024. 8. -- ISBN 978-7-5136-7859-9

Ⅰ. F830. 59

中国国家版本馆 CIP 数据核字第 2024BK6876 号

责任编辑　姜　莉
责任印制　马小宾

出版发行　中国经济出版社
印 刷 者　天津嘉恒印务有限公司印刷
经 销 者　各地新华书店
开　　本　710mm × 1000mm　1/32
印　　张　13.75
字　　数　189 千字
版　　次　2024 年 8 月第 1 版
印　　次　2024 年 8 月第 1 次
定　　价　79.00 元
广告经营许可证　京西工商广字第 8179 号

中国经济出版社 **网址** http://epc.sinopec.com/epc/ **社址** 北京市东城区安定门外大街 58 号 **邮编** 100011
本版图书如存在印装质量问题，请与本社销售中心联系调换（联系电话：010-57512564）

版权所有　盗版必究（举报电话：010-57512600）
国家版权局反盗版举报中心（举报电话：12390）　　服务热线：010-57512564

目录

CONTENTS

理念篇>>

自我认知

市场认知

常识篇>>

理论篇>>

实操篇>>

正常人在市场中很难获利，他们更像是一个个消费者。天才也许是疯子，智商越高，行为模式越正常，在市场中碰壁的经历就越丰富。很多在实业界相当成功的人士，一旦进入资本市场，就补上了挫折的课。有很多人问，如果我追随大资金的脚步——俗称“抄作业”，是不是就可以取得成功。答案是否定的，因为交易需要通过对手盘来实现，也就是说，你想买的时候，要有人愿意卖给你，而你想卖的时候，要有人愿意买你的。不幸的是，我们通常是那个我们想“抄作业”的大资金的对手盘，而他们需要很多像我们这样的对手盘。因此，作为业余选手，很有必要掌握在市场里冲浪的规则和原理，以避开那些让我们反复跌倒的坑。想要避开那些坑，首先要能辨别坑，如果不能辨别坑，或者认为自己的腿足够长能够跨过坑，那么最大的可能就是掉到坑里。这还不是最可怕的，因为有些人在坑里怡然自得地做起了“坑底之蛙”并乐此不疲。认识自己，认识市场，把常识填平补齐，了解一点儿理论，掌握一点儿技能，然后再去做弄潮儿。

理念篇

自我认知

马兜铃

在《西游记·第六十九回　心主夜间修药物　君王筵上论妖邪》中，孙大圣医好了朱紫国国王的“双鸟失群症”，国王排宴。八戒在旁，见酒不到他，忍得他口口咽唾；又见那国王苦劝行者，他就叫将起来道：“陛下，吃的药也亏了我，那药里有马……”这行者听说，恐怕呆子走了消息，却将手中酒递与八戒。八戒接着就吃，却不言语。国王问道：“神僧说药里有马，是什么马？”行者接过口来道：“我这兄弟，是这般口敞。但有个经验的好方儿，他就要说与人。陛下早间吃药，内有马兜铃。”

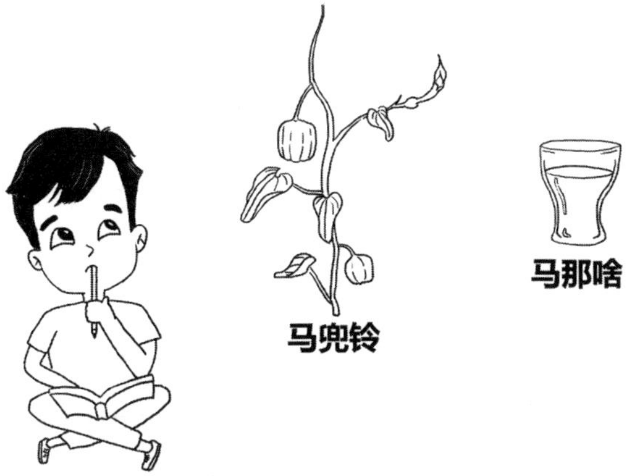

本书是笔者所著的第二本书，第一本是纯粹的专业理论内容，而本书的读者设定为业余投资者，即门外汉，希望通过本书的阅读提高读者的专业素养。至于说灌输的到底是马兜铃，还是马……自有各人体会。投资是门儿手艺，要想整明白，那必须得找到“半空飞的老鸦屁，紧水负的鲤鱼尿，王母娘娘搽脸粉，老君炉里炼丹灰，玉皇戴破的头巾要三块，还要五根困龙须”。

和氏璧

《韩非子·和氏》记载了一个2000多年前的悲壮故事。楚国人卞和在荆山砍柴时发现一块璞玉，于是向楚厉王献宝。楚厉王让人鉴别，得出这仅是一块普通的石头的结论。楚厉王怒而下令，削去卞和的左膝盖骨（左髌骨）。等到新王楚武王登基，卞和再次携玉献宝，楚武王也找人鉴别，依然给出相同的判定，楚武王便怒而削其右膝盖骨（右髌骨）。又过了很多年，楚武王驾崩，楚文王即位，卞和怀抱宝玉在荆山脚下哭泣三天三夜，眼泪流干而哭出了血水。文王派人询问，卞和说，我不是为自己所受的酷刑而悲伤，而是悲伤宝玉无人能识。于是文王让人剖开玉石，发现里边竟是稀世罕见的宝玉，取名“和氏璧”。

古人卞和到底是姓卞还是姓和，笔者一直没搞清楚。但是呕心沥血的感觉是非常清楚的，自己历经艰难而获得的宝贵经验，在别人眼里会不会也是一块普通的石头，这个结局大概也是很清楚的。岳飞说：“三十功名尘与土，八千里路云和月。”笔者恰好从事证券行业也已30余年，希望这本书能被读者瞧上眼儿吧。

白天不懂夜的黑·三季人

《白天不懂夜的黑》是一首流行歌曲的名字，其实笔者并未认真听过这首歌，但这个名字比较有代表性。用这个名字是想告诉大家，市场参与者赚不到自己认知以外的钱。而市场中人经常讲的故事，叫作三季人。

话说有一天早晨，孔子的弟子端木子贡正在院中打扫卫生，这时忽然有个穿着一身绿衣服，两鬓斑白，看上去很苍老的中年人，来到他面前客气地询问道：

“请问您就是孔子吗？”

子贡笑着摇摇头：

“在下是老师的弟子端木子贡。老师出去了，请问先生找老师有什么事吗？”

中年人端详了会儿子贡，似乎有些失望，然略一沉吟后，还是试探着问道：

“听说孔老先生博学多才，通古晓今，其座下弟子也是满腹经纶，见多识广。不知能否向您请教一个关于时间的问题？”

子贡微微欠身道：

“先生请讲！”

中年人闻言，喜出望外，立刻问道：

“那您说，一年有几个季节呢？”

子贡听后一怔，心道：就这么简单的问题？

然而，他面上没有多大的变化，依旧微笑着回答道：

“当然是有春、夏、秋、冬四个季节啊！”

中年人听后却不赞同，反驳道：

“我觉得应该只有春、夏、秋三个季节！”

子贡皱起眉头有些不悦地纠正道：

“自然是春、夏、秋、冬四季！”

中年人依旧不依不饶：

“三季！”

子贡有些生气了，提高音量道：

“四季！”

中年人依然不罢休，毫不示弱地梗着脖子说道：

“三季、三季、三季！”

就这样，两人争论不休，直争得面红耳赤，直争到日上竿头，仍旧没有争出个子丑寅卯来。

这时孔子回来了，询问子贡为何与人争执。子贡讲明原委后，十分委屈地反问孔子：

“先生您说，这一年究竟是有四个季节还是有三个季节？”

孔子闻言后，并没有急着回答，而是细细地观察了一会儿中年人，之后方才郑重地说道：

“一年的确只有三个季节，分别是春、夏、秋！”

中年人听后，哈哈大笑曰：

“我就说一年只有三季嘛……还是孔老夫子学问大啊！”

说完，便开开心心地离开。

子贡甚是不服，待中年人走后不满地问孔子：

“老师，一年有春、夏、秋、冬四个季节，这可是您亲自教的呀，如今怎么又变成三个季节了……敢问老师，一年到底有几个季节呢？”

孔子看了子贡一眼，之后肃然回答道：

“当然是四个季节！”

子贡闻言蒙了，挠着后脑勺不解地问：

“那您刚刚怎么会说一年只有三个季节！”

孔子笑答：

“这时和刚才不同，方才那人一身绿衣，面色苍老，分明就是田间的蚱蜢。所谓蚱蜢者，春天生，秋季亡，故他一生只经历过春、夏、秋三个季节，哪里见过冬季，在他的思维中根本没有冬季的概念。你和他争，即使三天三夜也不会有结果。所以还不如顺着他，给他个台阶下，这样不就能很快将问题解决了吗！”

子贡点点头，听孔子这么一说，他也算明白了：原来那中年人本就是个“三季人”。

这便是三季人的故事，笔者猜测其应该是根据《庄子·秋水》里的典故“夏虫不可语冰”演变而来的。因为很多人没听说过庄子，所以这故事安在孔子他老人家头上也算是个方便法。原文是这么说的：“井蛙不可以语于海者，拘于虚也；夏虫不可以语于冰者，笃于时也；曲士不可以语于道者，束于教也。”拘于虚，是指位置，是空间的限制。笃于时，是指没到达过那个阶段，是时间的限制。束于教，是指从未听说过，是认知的限制。赤壁之战，曹操为什么会中苦肉计、连环计，把战船锁在一起对抗风浪？是因为他认为冬天只会刮西北风，孙刘身处江左，其奈我何？没想到十月里还会有小阳春，于是被诸葛孔明抓住转瞬即逝的机会，一把火烧得“白茫茫大地真干净”。这就是典型的认知限制，只知其一不知其二，思维不够缜密。当曹操跑回老巢后想明白自己败在哪里时，仰天大笑，祝贺自己的认知上了新台阶，只是学费太过昂贵。而我们很多市场中人，意识比曹操还差得远，就算交了学费，也不认标准答案。车撞到南墙，不是准备绕道走，而是想从南墙上开过去。是的，笔者说的是自己。

目标决定手段

很多人来到市场，处于漫无目的、随波逐流的状态。首富真诚地对大家说，要先树立一个小目标，结果被“韭菜”传为笑谈。笔者喟然叹曰：首富不吝披露自己的成功秘籍，而“韭菜”极尽讽刺之能事，这不正应了《道德经》所说的“下士闻道，大笑之。不笑不足以为道”吗？

很多人进入资本市场，声称自己只想每天赚个菜钱。这就是把资本市场当成了菜市场。资本市场之所以“引无数英雄竞折腰”，是因为它提供了实现财务自由的机会，把这种机会用来赚菜钱，相当于用高射炮打蚊子，用宰牛刀杀鸡。我们冲进资本市场，第一要务便是设定目标。巴菲特给我们树立了一个榜样，并不是说我们每个人都要立志当股神，只是设定一个相对高远的目标，而不是着眼蝇头小利、短期利益。种果树还是种韭菜，方法必然存在差别，而效益的实现方式和过程通常也不会一致。

点石成金的手指头

“点石成金”一词出自宋朝胡仔著的《苕溪渔隐丛话后集·孟浩然》，据说是一个关于吕洞宾的故事：

> 吕洞宾作为道教全真道派之祖，故被称为吕祖。有一个非常贫穷的人，生平信奉道教，天天烧香礼拜吕祖。吕洞宾被他的“虔诚”感动，一天忽然降临到这个人的家中，见其赤贫，不胜悯之，于是伸出一根手指指向庭中的磐石。顷间，磐石化为黄金。这人见状大惊，倒头拜倒在吕洞宾足下。吕洞宾问曰：“想要这些黄金吗？”这人说道：“不。”吕洞宾大喜，说道：“子诚能如此，无私心也，可授以大道。”这个人说道：“我不是不想要黄金，而是想得到像您这样点石成金的手指头。”吕洞宾很是失望，瞬间不见了。

笔者的看法，吕洞宾遇到的这个人，其实有可能特别适合炒股。因为这才是解决问题一劳永逸的办法。与扶贫类似，与其长年累月地捐东西，不如给出一个脱贫致富的路子。在股票市场里，荐股不如教育投资者，为投资者赋能，“授人以鱼不如授人以渔”。我们作为投资者，想的不应该是如何四处寻找俩好股票，而应该多考虑怎么能学会本领。

小马过河

马棚里住着一匹老马和一匹小马。有一天，老马对小马说：“你已经长大了，能帮妈妈做点儿事吗？”小马连蹦带跳地说：“当然可以，我很愿意帮您做事。”老马高兴地说：“那好啊，你把这半口袋麦子驮到磨坊去吧。”

小马驮起口袋，飞快地往磨坊跑去。跑着跑着，一条小河挡住了去路，河水哗哗地流着。小马为难了，心想：我能不能过去呢？如果妈妈在身边，可以请教她该怎么办，那多好啊！可是自己离家已经很远了。

小马向四周望望，看见一头老牛在河边吃草，小马嗒嗒嗒嗒地跑过去，问道：“牛伯伯，请您告诉我，这条河，我能蹚过去吗？”老牛说：“水很浅，刚没过小腿，你能蹚过去。”

小马听了老牛的话，立刻跑到河边，准备蹚过去。突然，从树上跳下一只松鼠，拦住他大叫：“小马！别过河，别过河，你会淹死的！”小马吃惊地问：“水很深吗？”松鼠认真地说：“深得很哩！昨天，我的一个伙伴就是掉在这条河里淹死的！”

小马连忙收住脚步，不知道怎么办才好。他叹了口气说："唉！还是回家问问妈妈吧！"

小马甩甩尾巴，跑回家去。妈妈问："怎么回来啦？"小马难为情地说："有一条河挡住了去路，我……我过不去。"妈妈说："那条河不是很浅吗？"小马说："是啊！牛伯伯也这么说。可是松鼠说河水很深，还淹死过他的伙伴呢！"妈妈说："那么河水到底是深还是浅？你仔细想过他们的话吗？"小马低下了头，说："没……没想过。"妈妈亲切地对小马说："孩子，光听别人说，自己不动脑筋，不去试试，是不行的。河水是深是浅，你去试一试就知道了。"

小马跑到河边，刚刚抬起前蹄，松鼠又大叫起来："怎么？你不要命啦！"小马说："让我试试吧！"他下了河，小心地蹚到了对岸。原来河水既不像老牛说的那样浅，也不像松鼠说的那样深。

股票市场就像一条河，很多人不知深浅，都是听说，以讹传讹，三人成虎。别人的感受不能代替自己的感受，实践是检验真理的唯一标准，但是，松鼠定义的真理和老牛定义的真理，不是同一个真理，但都没有错，错在小马。别人的真理，有时候是矛盾的，显然不可能直接简单地生搬硬套，而是要通过参照，构建自己的真理。从别人身上学到的东西，是知识，而自己学到知识后，必须转化为智慧。

另一个问题是，老牛和松鼠的答案是以自己为参照，没有顾及对方。还有个故事，是关于问路的，说有个人问一个老人到下一个村子还需要多长时间。老人说，走。问路的人不明所以，但也只好往前走。走了一段路之后，老人说，照你这个速度，到下一个村子，需要两小时。老牛与松鼠都是从自己的角度出发给出答案，而老人看的是对方的速度，这有根本的不同。所以呢，得到回应的人，也应该考虑一下，得到的答案，出发点在哪里。

选择性失忆

选择性失忆是一个人受到外部刺激或者脑部受到碰撞后，遗忘了一些自己不愿意记得的或者逃避的人、事、物。根据此题材也衍生了很多相关的影视作品。选择性失忆，从心理学上讲是一个防御机制。通俗地说，假如人遇到一个强大的刺激，而这个刺激让他无法接受，那么，潜意识中他就会选择忘掉这件事情，于是便形成了“选择性失忆”。从表面上看，这个人似乎忘掉了这件事情，可这件事情的阴影还是存在的。他在做事的时候会不自觉地受这件事情影响，甚至可能自己都搞不清楚，慢慢地也就变成了一个心结。

每个人的一生都会发生很多不如意的事情，有一些很快就淡忘了，可是有一些总是挥之不去，无论怎样努力都忘不掉，每时每刻都在反复折磨着自己脆弱的神经，令自己不停地游走在崩溃的边缘，耻辱、愤怒、委屈等复杂情绪纠缠在一起。忘记，是保护自己最好的方式。有些人由于遭受重大挫折，便出现选择性失忆，在强大的精神压力下，其会感觉某些事情没有发生过，甚至会在脑海中编造出另一种情况，假想式地欺骗自己，这其实是有可能的，本质上是对自我的保护。但这是不是医学上的选择性失忆就不一定了，有可能是自欺欺人，这样反而会更忘不掉。因此笔者最中肯的建议是，做好笔记，把自己的所思所想、所见所闻，原原本本、原汁原味地记录下来。

直线式思维·发散式思维

直线式思维是指一种单维的、定向的，视野局限、思路狭窄、缺乏辩证性的思维方式。最简单的直线式思维的表达就是“一传十,十传百”。按照直线式的思维逻辑，一个婴儿出生的时候，如果身高是0.5米，6个月大的时候，大概能长高0.15米。按这个速度，到10岁的时候，就应该长到3米多高。我们都知道这是不可能的，但很多时候，特别是我们在看待股票市场的时候，却经常陷入这种思维模式。比如，很多人说A股多年徘徊在3000点附近，是不是永远都这样了，这不就是一个典型的直线式思维的表现吗？那么我们如何避免直线式思维呢？与直线式思维对应的叫发散式思维，也有人称之为“曲线思维”“跳跃思维”。逻辑思维强的人，多用发散思维模式建立思维模型。这种思维模型能够更清楚地看清事物的本质，效率远比单维的直线式思维模型更有效率，也叫理性思维模型。

鸵鸟心态

“鸵鸟心态”是一种逃避现实的心理，也是一种不敢面对问题的懦弱行为。心理学研究发现，现代人面对压力大多会采取回避态度，明知问题即将发生也不去想对策，结果只会使问题更趋复杂、更难处理。就像鸵鸟被逼得走投无路时，就会把头钻进沙子里。与“鸵鸟心态”类似的说法即“掩耳盗铃”。我们经常会遇到障碍与重担，如果选择逃避，可能会因此失去成功的机会，逃避的代价注定是失望。面对危机，主动出击是最好的防御。只有迅速采取行动，果断承担责任，才能把损失降到最小。相反，如果遇到危机总辩解说“这不是我的责任”，试图做“鸵鸟”，则后果不堪设想。

或许有人会有这样的疑问，“鸵鸟心态”与我们刚刚讨论过的选择性失忆是不是一回事？在笔者看来，两者还是有明显区别的，选择性失忆针对的是过去的挫折、痛苦的回忆，是为停止这种痛苦所采用的方法；而“鸵鸟心

态”面对的是当下的困难和挑战，是为回避困难和挑战所采取的策略。

史波克症候群

《专业投机原理》一书提到了一种现象，被称为史波克症候群。史波克是一部科幻冒险电影——《星际迷航》中的主角之一。这个角色类似一个半兽人，一半地球人血统，一半据说是远古的瓦肯人血统，所以他一直在理智与情绪之间挣扎。而市场参与者，特别是交易员，很容易陷入情绪的旋涡无法自拔。因此史波克症候群，代表了市场中人时而为情绪所控制，时而清醒的状态。有人曾经问，交易员会不会杀疯了呢？这是很难的，因为沉浮于市场中的绝大多数人，情绪很少能持续亢奋，更多的情况下，恐惧常常占上风。要知道，愤怒这种情绪，是恐惧的外在表现，所以我们往往将其列入恐惧的范畴。恐惧产生的根源是未知，普通人通常会对未知产生恐惧。举例来说，很多人说自己怕鬼，这是因为人们对鬼无从了解，从而产生恐惧的心理。在市场中的浮沉，由于对结果的不确定，交易员建立的多空仓位，如同猎人与野兽的搏斗，会不由自主地受到情绪的控制。以上这些是我们必须经历，也必须知晓的事情。

貌似正确

貌似正确是我们会遇到的最危险的事情，并且它的危害是最大的。一件注定错误的事情，其实不会造成伤害。或许人们早已经注意到这是个错误，所以也不会去犯；或许及时发现了这个错误，自然也不会导致严重伤害；抑或人们无从确定这到底是正确的还是错误的，因此也不敢贸然行事。貌似正确则不然，它看上去是正确的，或是浅尝辄止得出的正确结论，却让人们平添信心，敢于押注。然而事与愿违，结果与期望相去甚远。市场参与者认为自己有绝对把握的机会反而成了最后露出的狰狞的陷阱。市场中从未演出过皆大欢喜的剧目，几家欢乐几家愁几乎是必然的结局。在底牌没有亮出以前，貌似正确的想法，让多空双方都认为自己是正确的，而对方是错误的，这种似是而非真是防不胜防。

笔者曾经在大连的《半岛晨报》上读到这样一篇报道，某人长期研究彩票，并中过两次大奖，但现状是其欠外债上百万元。原因是他认为自己已经掌握了买彩票中大奖的秘籍，中了两次大奖后，把所有的钱全部投入还不算，他又向亲朋好友借债，结果资金全部耗尽也没能再次中奖。这就是一个典型的貌似正确的案例。两次中大奖，到底是运气成分，还是真正掌握了规律，每个人的认知是不同的。

补偿心理

补偿心理是一种心理适应机制，通常理解为，为克服自己生理上的缺陷或心理上的自卑，而发挥自己某一方面的长处、优势，赶上或超过他人的一种心理适应机制。正是这一心理机制的作用，自卑感成了许多成功人士成功的动力，成了他们超越自我的“涡轮增压”，而“生理缺陷”越大的人，他们的自卑感也越强，寻求补偿的愿望也越大。在股票市场里，补偿心理的反应是多方面的，也是表现得最明显的。例如2021年上半年的消费股，特别是白酒类股票出现暴涨行情，很多人错失良机，因此在2021年下半年和2022年上半年消费股大幅回落过程中，很多人继续追入白酒类股票，之后被深度套牢。其实许多市场参与者在白酒类股票大涨之前，曾经买入或者持有少部分，但在上涨过程中，要么过早卖出，要么持有数量过少，故在上涨结束后的回落过程中，他们会加大力度投入其中，期望能够再创辉煌。这就是非常典型的补偿心理在起作用。在现实生活中，补偿心理大约起到了知耻而后勇的作用，但在股票市场里，这种思维逻辑很容易掉进主力设计的陷阱。我们奉劝大家在炒股时，要戒除这种操作模式和思维模式。

屁股决定脑袋

一直以来，笔者都以为“屁股决定脑袋”这句话产生于中国特有的文化，直到后来在《战胜华尔街》一书中，发现彼得·林奇也说过这句话。这说明它是个世界通用的准则。其实在《芋老人传》中，也有类似的说法，叫“时位之移人也”。笔者经常讲的一句话，“如果你的屁股没坐在基金经理的那张椅子上，你就不知道他会为啥事儿闹心”。小伙伴儿宗贺讲了一个笑话，一个农妇猜想皇后娘娘吃大葱蘸酱，到底会蘸什么酱，但她从未想过皇后娘娘可能根本就不吃大葱蘸酱。普通的市场参与者，通常不知道专业的机构投资者内心的构思；而专业的机构投资者，往往早已洞悉普通的市场参与者，特别是刚刚进入市场的“小鲜肉”们秉持的心态。每个人总是习惯于用自己的思路去推知别人的选择，却不知道不同的角度，就是不同的世界。

三观

世界观，也叫宇宙观，是哲学的朴素形态。世界观是人们对整个世界的总的看法和根本观点。人们的社会地位不同，观察问题的角度不同，就会形成不同的世界观。人生观是指对人生的看法，也就是对人类生存的目的、价值和意义的看法。人生观是由世界观决定的。价值观是指人们在认识各种具体事物的价值的基础上，形成的对事物价值的总的看法和根本观点。价值观一方面表现为价值取向、价值追求，凝结为一定的价值目标；另一方面表现为价值尺度和准则，成为人们判断事物有无价值及价值大小的评价标准。价值观和价值观体系是决定人的行为的心理基础。由此可见，三观的地位并非平等的而是逐级决定的，世界观—人生观—价值观—行为决策，前者决定了后者。因此，我们在股票市场中所作出的判断与决策以及相应的行为，完全是通过三观的设定而必然产生的。认识到了这一点，我们就应该知道，所谓三观，也可以简单地类比为认知。我们经常说，一个人的认知决定了他能够赚到的钱，这个认知，其实就是三观。我们在股票市场中博弈，首先要树立正确的三观，三观不正，想要获得成功，简直就是缘木求鱼。

不想当元帅的士兵不是好士兵

拿破仑的名言——“不想当元帅的士兵不是好士兵”是一句非常有争议的话。每个角度每个侧面的含义都不同，我们从市场参与者的角度来理解，就是不想当主力的散户不是好散户，当志存高远。因为目标决定了手段，我们经常听散户说理想就是每天挣个菜钱。这就好比用高射炮打蚊子，资本市场的功能是提供实现财务自由的途径，结果只是用来挣个菜钱，浪费啊。有一句开玩笑的话说，思想有多远，才能滚多远。很多时候是思想的限制导致了行为障碍。目标要定得高远，实现了才会有喜悦。鼠目寸光的计划非常容易达成，而达成与未达成的结果相差无几，聊胜于无。

爱因斯坦的故事

爱因斯坦之厉害，不仅在于他大科学家的成就，还在于他和任何人都能找到共同的话题，比如对智商高于140的人，他会与之讨论量子力学；对智商是120的人，他就讨论数学话题；对智商是100的人，话题就是文学艺术方面的；而对智商是80的人，他会请教对方股市怎么看。

笔者第一次听说这个故事时，也是笑笑了事。但后来反复揣摩，发现内有玄机。爱因斯坦为啥不和智商100的正常人聊股市呢？至少他也应该和所谓高智商的人聊股市吧？怎么会和智商低于正常水平的人聊股市，还请教人家的看法呢？仔细思量，得出的结论是在股市里赢钱的秘籍就是要比一般人傻才行。现代人以为必须跟早期的奥林匹克格言“更快、更高、更强”一样才能挣到钱。殊不知需要反其道而行之。爱因斯坦知道，那些看起来笨笨卡卡、反应迟钝的人才是股市里真正的赢家。

牛顿炒股传说

据说著名物理学家牛顿是一个富翁，1720年1月，还在实验室做研究的他，就迷恋上了“炒股”这一过山车般刺激的游戏。第一次，他拿出7000英镑做炒股本金，想着只要赚个三五百英镑就收手，反正自己不缺钱。要知道，以当时的物价，修建天文台才需要500英镑，他随手一挥就是7000英镑，果然是富翁。不到两个月，牛顿买入的股票就翻了一番，变成了14000英镑。他兑现了自己的承诺，把14000英镑收入囊中，退出了股市。

然而，每个人最大的敌人都是自己，伟人也是一样的，尝到了甜头的牛顿，还是被贪欲控制了头脑。1720年4月，他又拿出了25000英镑重新入市，买入当时最热门的南海公司股票。这次运气就没第一次那么好了，买入股票后不久，股市就因为新通过的《反泡沫公司法》出现了大利空！紧接着爆发了特大股灾，牛顿手上的股票也惨遭不幸，股价暴跌80%左右，他不得不“割肉”20000英镑，愤然离场。由此，他不禁感叹：“我能算准天体的运行，却无法预测人类行为的疯狂！”聪明、理性如牛顿，也难免输给自己的“赌性”，更何况是普通人。

牛顿是一个典型代表，智商与资本都不缺乏，但对于炒股这个行当来说，他仍然是个外行，或者说，炒股是其业余爱好。现今社会上也有很多精英人士，自己的事业如日中天，但入市以后折戟沉沙。更有甚者，业内招聘非“985”“211”毕业生不招。基金经理如果不是清北复交毕业，似乎都不好意思和人打招呼。试想，智商能高过牛顿的有几人？牛顿都在股市中受挫，那别人在股市里怎么活？转念一想，股市大亨们都是啥学历？我提个设想供大家拍砖：大专学历才最适合当基金经理。

爱迪生发明电灯

据说在19世纪初的时候，人们开始用瓦斯灯，但是瓦斯灯并不安全，非常容易出事。后面虽然发明了电弧灯，但还是有很多不足，因此爱迪生就暗自下定决心：“一定要发明一种灯光柔和的电灯，让千家万户都用得上。”

他开始研究灯丝的材料，从传统的炭条到金属钌、铬、白金等，试验了1600多种材料都没有成功，面对人们的冷嘲热讽，爱迪生并没有放弃，他坚信：失败乃成功之母。

在13个月的艰苦奋斗中，爱迪生试用了6000多种材料，试验了7000多次，终于有了突破性的进展。1879年10月，在一次偶然的机会下，爱迪生尝试把炭化棉线装进灯泡里面，接通电源后灯泡发出金黄色的光芒，把整个实验室照得通亮。当时这盏电灯足足亮了45小时，灯丝才被烧断。这是人类第一盏有实用价值的电灯。后来人们将1879年10月21日定为电灯发明日，这一天也证明爱迪生的坚持是绝对成功的。

但是爱迪生并没有止步于此，他认为45小时还是太短了，他想要将灯泡的寿命延长到几百上千个小时。后来他尝试用炭化后的竹丝做灯丝，试验结果表明，用竹丝做灯丝效果很好，灯丝耐用，灯泡可亮1200小时。几十年之后，人们将竹丝灯泡改成了钨丝灯泡，灯泡的寿命变得更长了。竞争对手嘲笑爱迪生并没有发明天分，因为很多发明根本用不了那么多次，但爱迪生拥有的长处是毅力。

很多人说，我觉得爱迪生一般般，还是特斯拉厉害，我要向特斯拉学习，以特斯拉为榜样。笔者认为，特斯拉确实是牛人，但牛人通常天赋异禀，这种东西不是靠后天努力便能够换取的，而普通人的成功之路，还是效法爱迪生较为可行。正是因为爱迪生是一个没有太多天分的常人，所以他找到了一个常人走向成功的有效途径。他的名言“天才就是百分之九十九的汗水加上百分之一的灵感”就是其生命的真实写照。不过，我们还是要再辨析一下词语，特斯拉才是天才，天赋异禀才叫天才，而爱迪生应该被称作人才，充分发挥后天主观能动性的人就是人才。如果我们把能量视为成功，会发现，爱迪生的成功模式就是四处捡柴火，即所谓勤能补拙，而特斯拉自带煤气罐儿。我们普通人，通常都是家徒四壁，空空如也。换言之，到了股票市场也一样。炒股要向爱迪生学习，绝大多数人不是炒股天才，要想找到适合自己的盈利方法，不通过艰辛的努力，怎么会实现呢？

失败是成功之母

失败是成功之母，意思是成功由失败中产生。人们都厌恶失败，企盼成功。但失败随处可见，成功总是遥不可及。一般情况下，一件事情，如果我们做到一部分成功，哪怕只有一小部分的成功，至少都不会将之看成完全的失败。但是在股票市场里，结果是衡量一切的标准，只要结果不成功，便是百分之百的失败。一着不慎，满盘皆输。这样一来，股票市场里的失败比例远大于其他地方。因此，如何面对失败，看待失败，是市场参与者的一项重要课题。当我们意识到失败是成功之母时，便可以化解对失败的抵触情绪，把内心的逃避转换成接纳与思考。笔者很喜欢的一套书《民间股神》，其中讲到很多人有一个共同的经历，就是在市场中遭受惨重的损失后，走到悬崖边儿上又回来，后来顿悟，从此走上股票操作的康庄大道。这些案例说明，想要跳过失败这个环节，直接走向成功，是不切实际的幻想。笔者自身的体会是，在交易中，如果依据一个判断，达成一笔成功的交易，这个判断其实是具有或然性的，真正促成盈利结果的也许另有原因。而如果依据一个判断，达成的是一笔失败的交易，那么可以判定，之前所作出的判断一定是错误的。我们的交易经验积累，更多地建立在排除错误方面，因此有投资大师鼓励市场参与者在年轻的时候，要多犯错误，就是这个意思。

地狱里发现石油的故事

世界著名投资大师巴菲特在伯克希尔1985年的年度报告里，与他的读者一起分享了格雷厄姆的这则寓言故事——“地狱里发现石油了”。

> 有一个石油勘探者在上天堂的时候，圣彼得告诉他一个坏消息。圣彼得说：“你的确有资格进天堂，可是你也看到了，分配给石油勘探者居住的地方已经爆满了，我实在没有办法把你安排进去。”那个石油勘探者想了一会儿之后问圣彼得：“我可不可以跟那些住在那里的人讲一句话？”圣彼得想，让他说句话也无妨。那个石油勘探者于是合起他的双手做成喇叭的形状放到嘴边，大喊：“地狱里发现石油了！”忽然之间，大门开了，所有的人蜂拥而出，向地狱冲去。这个做法给圣彼得留下很深的印象，他立即邀请这位石油勘探者入内，并允许他可以无拘无束地住在那里。但这位石油勘探者犹豫了一下后说：“不，我想我还是跟那些人一起去好了。谣言里，也可能有一些真实的成分。”

投资大师巴菲特说：“为了与股票市场的愚蠢本质保持距离，我总是将格雷厄姆的寓言故事谨记在心。”“地狱里发现石油了”这则寓言故事，深刻地揭露了人们盲目从众的心理。笔者以为，股市中人听风就是雨的能力是无可匹敌的，很多流言说法也是经不起推敲的，但大众的认知又有非常明显的局限性，这种局限性进一步导致了群众的盲目性。

羊群效应

经济学里经常用“羊群效应”来描述经济个体的从众跟风心理。羊群效应就是比喻人都有一种从众心理，从众心理很容易导致盲从，而盲从往往会使人陷入骗局或遭遇失败。

羊群效应一般出现在竞争非常激烈的行业，这个行业中一旦有一个领先者（领头羊）吸引了他人的注意力，那么整个羊群就会不断地模仿这个领头羊的一举一动，领头羊到哪里去吃草，其他的羊也去哪里吃草。

金融市场中的“羊群效应”（Herd Behaviors）是一种特殊的非理性行为，它是指投资者在信息环境不确定的情况下，行为受到其他投资者影响，模仿他人决策，或者过度依赖舆论，而不自己分析信息的行为。由于羊群效应是涉及多个投资主体的相关性行为，对市场的稳定性效率有很大的影响，因此其与金融危机有密切的关系。羊群效应也是证券市场的一种异象，它对证券市场的稳定性以及效率有很大影响。在国外的研究中，信息不对称、经理人之间名声与报酬的竞争是羊群效应出现的主要原因。

大众的特点是随大溜儿，即所谓跟着狼吃肉，跟着狗吃屎。核心重点是要跟着，因为自己没有主见。有意思的是，金融观念和知识欠缺的普通大众是这样，而不欠缺这些东西的机构投资者也是这样的。在信息不完全和不确定的市场环境下，假定每个投资者都拥有某只股票的私有信息，这些信息可能是投资者自己研究的结果或是通过私下渠道获得；另外，即使与该股票有关的公开信息已经完全披露，投资者还是不能确定这些信息的质量。在这种市场环境中，投资者无法直接获得别人的私有信息，但可以通过观察别人的买卖行为来推测其私有信息，这时就容易产生羊群效应。尽管机构投资者相对于个人投资者处于信息强势地位，但是由于机构投资者相互之间更多地了解同行的买卖情况，并且具有较高的信息推断能力，因此他们比个人投资者更容易发生羊群效应。掌握了市场参与者的行为模式特征之后，我们就可以得出结论：避免成为待宰羔羊的最好办法，就是摆脱依赖，脱离群体，特立独行。无论这个群体看起来多么专业、多么强大。

旅鼠效应

旅鼠是一种极普通又可爱的小动物，常年居住在北极，体形呈椭圆，四肢短小，比普通老鼠要小一些，最大的可长到15厘米，尾巴粗短，耳朵很小。旅鼠主要分布于挪威北部和欧亚大陆的高纬度针叶林，是北极所有动物中繁殖力最强的。

但是这样的动物为什么种群数量一直不多呢？这是因为当旅鼠的数量急剧膨胀达到一定的程度时，就会发生奇怪的现象：这时几乎所有的旅鼠一下子都变得焦躁不安起来，一改往日的胆小怕事，在任何天敌面前都显得无所畏惧，具有明显的挑衅性，有时甚至会主动进攻。唯一可能而且合理的解释是，它们是为了千方百计地吸引天敌的注意，以便天敌来吞食它们，这与自杀没有什么区别。

驱使旅鼠前进的，不是求死的欲望，而是惊慌，包括对饥饿的惊慌，以及对方向迷失的恐慌。正如投资者的突然增多，导致过多的钱追逐过多的股票，投资机会顿时减少。而当市场出现暴跌时，撤离市场的通道将非常狭窄，集体的恐慌导致了投资者的自杀式抛售。

巴菲特先生曾经把旅鼠拿来比喻投资机构，以此来说明股市的跟风效应，最后给我们的忠告是，不要相信市场而要相信自己。如果羊群效应表现的是机构投资者在市场中抱团取暖，那么旅鼠效应表现的就是贪婪与恐惧会周期性地交替。由此看来，《动物世界》这种纪录片是投资者学习市场生存最好的教材。这会不会也是国外的心理学家最喜欢通过研究动物来说明和解释人类行为的根本原因呢？毕竟人与动物的共性部分是最原始的冲动。

三种人

市场参与者可以分为三种，先知先觉、后知后觉和不知不觉。先知先觉的人，说的基本上就是专业的机构投资者，“春江水暖鸭先知”的那种聪明的投资者（Smart Money）。后知后觉的人，本身无法造就趋势，也不具备提前预判拐点的超能力，但其可以识别趋势，追随趋势，所谓识时务者为俊杰。不知不觉是市场参与者的常态，这类人占绝大多数，股海浮沉，随波逐流，无从感知，无所察觉，自说自话，作茧自缚。把市场参与者分成三种，我们就可以对号入座，看看自己属于哪一种。普通人穷其一生，绝大多数可能无法到达先知先觉的地步，但我们一定要争取成为后知后觉的一分子，而不能一直是不知不觉的那一个。

精确先生

《亚当理论》里讲了一则寓言故事，阐述了亚当理论的关键——顺势买卖，绝不添加任何武断的资料和意见；向市场屈服，放弃以往对市场的认识；以绝对无知的状态进入市场，像一个5岁的孩子一样去观察市场，顺势买卖。

> 在一个小岛上住着一名著名的浪涛专家——精确先生。一天，他根据自己掌握的浪涛理论测算出小岛指数即将大涨，于是大举买入。结果发现小岛指数一路下跌。精确先生呆呆地面对走势，绞尽脑汁却百思不得其解。这时他5岁的女儿精灵小姐跑来，让精确先生带她出去玩。精灵小姐看到精确先生心不在焉，无精打采，就好奇地问他是什么影响了他的心情。精确先生简要地回答说，按浪涛理论研判，大势应该向上，但小岛指数偏偏一路向下。精灵小姐说："我不懂什么大势，但这条线一直在向下，并没有改变哦。"精确先生霎时顿悟了，斩出多仓，建立沽仓。后来小岛指数继续下跌，精确先生就此反败为胜。

这个故事确实有很深刻的内涵，我们抛开其中含沙射影的部分，认真体会作为市场追随者的第一要务——遵从趋势。普陀山上有一副对联：有感即通，千江有水千江月；无机不破，万里无云万里天。在这里，如果我们把月亮比作市场，那么每个市场参与者的内心则好比千条江河，在每一条江河中都映衬着月亮的倒影，这个倒影并不是真实的月亮。因此当我们的内心发出大势逆转的呐喊，便要知道这呐喊并非市场发出的。无论我们将什么理论、什么规则作为依据，都比不过市场本身。

紫霞仙子

在周星驰的经典影片《大话西游》中，紫霞仙子经常说的一句话就是"我的爱人会驾着七彩祥云来接我"。这话听起来就像一个被深度套牢的老股民说，我买的这只股票将来能翻好几倍，赚大钱。前面我们已经讲过精确先生的故事，顺势而为几乎是所有趋势投资大师的主张。在那个故事中，三十六计走为上计，不行就撤，那么买了股票之后傻傻等，到底行不行，这是件因人而异、因股而异的事情。中国古代有个著名的故事——《蓝桥会》，这里面的男主人公与紫霞仙子的想法差不多，只是结果比较不幸。这其实就说明了性格决定命运，一个人在股票市场里，是懂得变通顺势而为，还是坚持抗战固守待援，学是学不来的。有王宝钏苦守寒窑十八年，就有朱买臣马前泼水。两种选择其实都有道理，不过，笔者戏言紫霞仙子今生应该是当了巴菲特，所以巴老爷子买的股票从不轻易卖出。那么像我们这些业余选手，到底应该做紫霞仙子，还是做精确先生呢？不妨深入思考一下。

别人脸上的青春痘

2002年春晚，赵本山、范伟、高秀敏的小品《卖车》中有个经典的脑筋急转弯问题：青春痘长在哪里你不担心？答案是长在别人脸上。

这正应了一句俗话："事不关己，高高挂起。"市场参与者关心的从来都是自己那点事儿，别人怎么样，实在是没空操那份儿闲心。有人会问，那羊群效应不是说市场参与者都在看别人怎么决策来模仿的吗？怎么又说没空关心别人怎么样了呢？事情是这样的，羊群效应是事前；别人脸上的青春痘是事后，是结果。如果市场参与者知道了事后的结果，那事前的羊群效应就有可能不存在了。实际上，不仅仅是"事不关己，高高挂起"，更进一步看，市场参与者甚至认为发生在别人身上的问题，不会出现在自己身上；如果别人掉进坑里，他们会认为是对方腿短，或者是天生具有运动障碍，而觉得自己足够灵活，一定不会掉进坑里。因此前车之鉴未能被吸取的关键，就在于那是长在别人脸上的青春痘。

左脑右脑分工

左右脑有自己明确的分工。左脑半球支配右侧身体的神经和器官，是语言中枢，主要负责语言、分析、逻辑、代数的思考、认识和行为。右脑半球支配左侧身体的神经和器官，具有接受音乐的中枢，负责直观、综合、几何、绘画等形象思维。

具体分工是，左脑（意识脑）：知性、知识、理解、思考、判断、推理、语言、意志五感（视觉、听觉、嗅觉、触觉、味觉）。右脑（本能脑、潜意识脑）：①图像化机能（策划力、创造力、想象力）；②与宇宙共振共鸣机能（第六感 、念力、透视力、直觉力、灵感、梦境等）；③超高速自动演算机能（心算、数学）；④超高速大量记忆（速读、记忆力）。

左脑是我们的逻辑脑、推理脑、文字脑，可帮助我们在认识外界的时候对信息进行简化。人类的左脑可以将整个宇宙的万事万物都简化成一个方程、一个符号，可以用公式来表示无限复杂的世界变化。人类对科学的追求，就是将我们的认知用最简化的文字和公式表达出来。简单来讲，简化自然界的现象，把复杂的世界万物简化是我们左脑的功能。

从对事物的认识和记忆来说，我们的右脑比左脑的记忆能力更强。该观念甚至一度被从事右脑开发的人解读成右脑的记忆能力是左脑的几百万倍，相当于如果我们左脑的记忆能力的能量是一支蜡烛，那么右脑在记忆方面的能量就是一颗原子弹爆炸的威力。右脑是形象脑，对简化资料的能力是有限的，它的工具是形象，而形象是表象的一种，对于规律的东西，它有时候无能为力。

对于市场参与者来说，绝大多数人属于左脑型选手，即右撇子。对图形几乎无法认知，但对逻辑较为认同。因此基本分析相对容易被大多数人接受，而图形这种技术分析往往被归为玄学范畴。了解了左脑和右脑的分工，我们就会清楚地知道这是一种浪费。笔者身边的小伙伴儿都知道，坚持用两个核桃或者健身球来锻炼自己的左手，对改善左脑型选手的图形认知能力有很大帮助。

一看二慢三通过

一看二慢三通过，是通过公路、铁路交叉道口的口诀。多年来混迹股票市场，我们发现炒股时间相对较长的散户投资者，在进行投资决策的时候，往往会有类似的表现。众所周知，很多时候投资机会出现后可能转瞬即逝，如果不能当机立断，基本上是赶不上趟的。股龄偏长的散户投资者容易出现一看二慢三通过的表现，原因在于，他们普遍在过去的操作过程中，由于草率行事交过很多学费，因此在进行后来的投资决策时，尽管看到了投资机会，却让犹豫观望的情绪占了上风。投资新手则初生牛犊不怕虎，反而敢于立即压上。这个问题，一方面，需要建立清晰准确的操作标准；另一方面，需要培养自己的勇气和宽容的态度，要允许自己犯错误，这时就会发现止损策略的优势。当我们清楚地了解，一次不成功的交易所产生的伤害，会被限定在一定的可接受的范围之内，将会有利于我们消除恐惧和焦虑。当然，一看二慢三通过并非一无是处，在符合标准的信号没有出现以前，多观察多思考，对操作是有帮助的；但是如果符合标准的信号已经出现，却仍然试图等待继续确认，那显然是怯战畏难情绪在作祟。不过，要是根本没有建立起自己的交易系统，看不懂进出场信号，那就不是一名合格的投资者，自然另当别论。

模拟盘有用吗？买100块钱的基金跟卖房子卖地全线压上差在哪儿？

模拟盘到底有没有用这个问题有很大争议，我们可以类比一下，训练和演习有没有用呢？沙盘推演和纸上谈兵有没有用呢？有句话叫商场如战场，在资本市场里，真金白银的较量跟数字游戏差别很大。更进一步说，买100块钱的基金跟卖房子卖地压上全部身家的差别在哪儿？心理素质这一关可不好过，请看《庄子·外篇·田子方》中的一段：

列御寇为伯昏无人射，引之盈贯，措杯水其肘上，发之，镝矢复沓，方矢复寓。当是时也，犹象人也。伯昏无人曰："是射之射，非不射之射也。当与汝登高山，履危石，临百仞之渊，若能射乎？"于是无人遂登高山，履危石，临百仞之渊，背逡巡，足二分垂在外，揖御寇而进之。御寇伏地，汗流至踵。伯昏无人曰："夫至人者，上窥青天，下潜黄泉，挥斥八极，神气不变。今汝怵然有恂目之志，尔于中也殆矣夫！"

这段话大概意思是：

列御寇为伯昏无人表演射箭，将弓拉满，并将一杯水放在左肘上。射出一箭，紧接着又射出一箭且连续不停。此时，他就像木雕一般纹丝不动而滴水不溅。伯昏无人说："这是有心的射术，不是无心的射法。可以试试，我与你登上高山，踏着险石，面临万丈深渊，你是否还能射？"伯昏无人就登上高山，脚踏险石，背对深渊向后退，直到脚下有二分悬空在外，并躬身请列御寇前来射箭。而此时的列御寇吓得伏在地上，冷汗流到脚跟，更不用说射箭了。伯昏无人说："若达到至人境界，上可探测青天，下可潜察黄泉，纵横于天地之间而神情屹然不动。现在你心中惊惧甚至看也不敢看，你的意志已经崩溃，更不用说射箭了。"

笔者的建议是，有条件地使用模拟盘。初入市的新手，在某个阶段使用模拟盘是无可厚非的，但不应迷恋。在研究某种操作策略效果时，可以使用模拟盘进行测算。对于市场参与者来说，模拟盘是一根拐棍儿，应该早些扔掉，全力奔跑。

"去吧拳"与"花心大萝卜"

万历年间，沾化有一位张拳师，方圆几百里远近闻名，功夫了得。

前来拜师学艺的人络绎不绝。那时武术中的独门绝技一般是不轻易外传的，弟子们在普通功夫学成后，师父还要根据自己对弟子的喜好，秘传一两手绝技给弟子。弟子中一个叫刘小二的，憨头憨脑、笨手笨脚，师父也就懒得在他身上多费功夫。跟了三年什么也没学会，拜别师父的时候，刘小二眼见师兄师弟们都被师父单独叫到后院传了绝技后高兴地离去，轮到他时，师父也不正眼看自己。刘小二禁不住问："师父传我什么绝技？"师父就在灶门前拿了一根烧火棍，在头上抡了一圈，跟着右脚向前一蹴，随口来了一句"去吧！"师父的意思是嫌弃这个愚笨学生，让他快快滚蛋。刘小二却真的认为得到了什么秘传绝技，叩别恩师，高兴地回家去。

回家后，父母问儿子，在师父那儿学到了什么功夫，刘小二神秘地说："师父教了我'去吧'的功夫。"父母也不知道什么是"去吧"的功夫，只嘱咐儿子要勤习"去吧"，不要枉费师父的一片心血。自此以后，刘小二在自家的后院里天天练"去吧"。几年以后，刘小二长成了一个壮实的棒小伙，手中的"去吧"兵器也换成了重100斤的镔铁大棒，抡起来虎虎生风。

后来有一天，有人在当地摆下擂台，说要以武会友。刘小二得知消息就赶去观看，一连两天，上台的不下十几位，可都被三下五除二打下擂台。第三天，一老者飞身跃上擂台。正是张拳师，百十回合未分胜负。又过了几个回合，再看张拳师额头已开始冒汗，步子也有些乱。被瞅准空当，打倒在擂台下。刘小二看到师父被打下擂台，想替师父报仇，就跑上了擂台。刘小二捡起一根木棒抡圆了，高喝一声"去吧！"泰山压顶般猛劈下来，同时右脚用力向下一跺，只听闷雷般一声巨响，不仅擂主被打趴下，整个擂台也倒了下来。

"去吧拳"这个故事，是笔者小时候看到的，入证券行业以后，每每想起都会觉得炒股跟练武功很相似。招式会得多和一招鲜吃遍天，一般人会选哪个？很多市场参与者，看到浩如烟海的股票书籍，见一个爱一个，觉得哪个都说得很有道理，生吞活剥，兼收并蓄。学了一大堆各种各样的招式，但每个都是浅尝辄止。这有点儿像情场中的“花心大萝卜”，脚踩两只船的结果可能是掉到河里。佛法讲究一门深入，咱们并不反对多听多看，但是要有舍有得。比较好的状态叫作一专多能。一专是前提，然后才能谈得上多能。贪多嚼不烂，会消化不掉，让营养白白流失。

七张饼的故事

《百句譬喻经》故事之一：譬如有人，因其饥故，食七枚煎饼。食六枚半已，便得饱满。其人嗔恚，以手自打，而作是言：“我今饱足，由此半饼。然前六饼，唐自捐弃，设知半饼能充足者，应先食之。”

白话译文：

有个人肚子饿了，去买煎饼吃。他一连吃了六个，觉得还是不饱，就再买第七个吃，刚吃了半个，就觉得很饱了。这时，他心中很懊悔，用手打着自己的嘴巴说道：“我怎么如此愚痴而不知节约！如果早知道后头的半个煎饼能吃饱，那么我只要买这半个煎饼就是了，前头的六个煎饼不是白吃了吗？”

这是个典型的聪明人的故事，在股票市场里，充斥着各色聪明人。聪明人最大的特点就是喜欢走捷径，试图用最小的代价换取最大的回报。结果是聪明反被聪明误。在学习股票操作技巧的时候，相似的思维逻辑也总是闪现，我们为什么不肯一门深入，而是贪多嚼不烂，很多时候原因就在于浅尝辄止没看到效果。

阅兵卖豆腐

据说有一次北洋军要搞一个阅兵，军官总嫌喊口令的嗓门儿不够亮，手下有人出主意，说在军营附近卖豆腐的小伙子嗓门儿够亮。军官让人把小伙子找来并让他喊几嗓子，军官听了大喜，直接把军装给他套上，开始训练，小伙子用喊“豆腐，豆腐”的音调喊“稍息”“立正”“齐步走”，喊得倒也像模像样。到了检阅这天，卖豆腐的小伙子没见过这么大场面，有点儿怯场，喊不出来，军官着急了，说：“别怕，练得不是挺好嘛，之前怎么喊的，现在就怎么喊。”小伙子一听，之前怎么喊现在就怎么喊，好嘞，“豆腐，豆腐”。

“功底”这个词非常有道理，用功在什么地方，打下的基础就会是什么成色。没办法用一朝一夕的力量来改变。市场其实也是这样的，绵羊披上了狼皮，也不会变得凶猛。走势来来去去，还是会回到老路上。花样翻新，不过是“新瓶装了老酒”。市场参与者应该知道，行情走着走着就会顺拐的。

鱼的记忆只有7秒

有一种说法，说鱼的记忆只有7秒。但后来又出现了很多争议，最初到底是谁搞出的这个事端也不是很清楚。鱼的记忆到底是不是7秒，这个事情没啥研究价值，因为子非鱼，安知鱼之记忆？咱们不知道鱼的记忆是多长，但知道股票市场的参与者，基本上都记吃不记打。如果鱼的记忆是7秒，那他们恐怕还没到7秒就忘光了。有一位哲人曾经说，正常人就不应该在同一个地方摔倒两次。但我们在股票市场里观察到的结果是，很多人在相同的场景下反复掉进市场设下的坑里。所以不管其他鱼的记忆是多长，我们要知道自己就是那条记忆只有7秒的鱼。我们必须建立自己的日志记录，白纸黑字的精准记录才能让自己惊愕地发现，原来自己当初的想法竟然是那样的。

酗酒者互助戒酒协会

在国外有这么个组织，叫酗酒者互助戒酒协会。他们的核心逻辑是这样的，每个好酒贪杯的人，自己感觉喝点儿没问题，然后再喝点儿，好像也没问题，左一杯，右一杯，喝来喝去就喝多了，特别是喝多了以后，自己是意识不到自己喝多了的。但是有意思的是，喝多了的人虽然意识不到自己喝多了，但是对面的酒徒是否喝多，他能立即发现。因此成立这种互助组织，让酒徒们互相帮助监督对方，最后达到戒酒的目的。

笔者认为，这个思路还是比较清奇的，而且我们发现，在股票市场里，市场参与者往往会被情绪感染，不由自主地跟着跑，忘记自己的初衷，这一点和酒徒非常相似。没有入市建立仓位之前，我们都知道行情在绝望中产生，在犹豫中行进，在欢乐中结束，但手上拿了股票以后，就忘乎所以，随波逐流，行情的起伏时时刻刻牵动着自己的心，结果要么在低价位“割肉”，要么光顾着数钱忘记了兑现。这时我们其实是需要一个伙伴来随时提醒自己的。当然，也许有的时候，两个伙伴可能都陷入情绪的泥潭无法自拔，但这需要锻炼，也需要找到比自己更清醒理智的伙伴，子曾曰，益者三友：友直、友谅、友多闻。在投资事业的道路上，有志同道合的伙伴总胜过踽踽独行。

幸福来自比较

明代编写的《增广贤文》中有这样一段话："别人骑马我骑驴，仔细思量我不如，待我回头看，还有挑脚汉。"这段话很好地诠释了什么是幸福来自比较。澳大利亚演讲家尼克·胡哲也有一句名言："当你抱怨没有鞋的时候，还有人没有脚"。这句话也阐释了类似的含义。让自己幸福的秘诀，就是要选对参照物。不过，在股票市场里，几乎人人从未感受到幸福。原因是，人们把参照物无一例外地定义到了涨幅第一的股票上面，全A股市场目前有5000多只股票在交易，而涨幅第一的一定是唯一的，那意味着，至少持有其他4999只股票的投资者，会感觉自己不幸福。其实，就算持有涨幅第一的那只股票的投资者，可能也不会觉得自己幸福，因为他也许会懊悔自己没能在这只股票上满仓介入，而只是浅尝辄止。其实即便是满仓介入的投资者，也非常有可能认为自己不幸福，原因是，他在懊悔自己为啥不上杠杆……总之，人类的欲望基本就是没有最高，只有更高。有一句顺口溜叫："既要，又要，更要，还要。"想得到的东西永远是"百尺竿头，更进一步"。"比较"这个事情，早已经从娃娃开始抓起了。但事情并没有就此结束，因为人们对幸福的追求是永不停歇的。我们要做到最优，却不具备相应的实力，虽然加倍努力，但收效寥寥。结果只能是感到更加不幸福。对于股票交易来说，最重要的事情，莫过于平衡心态，包容自己的不完美，允许自己犯错误。牛市里一定是人人赚钱吗？笔者在30多年的职业生涯中，多次在大牛市里见到照样赔钱的人，知道这种情况的存在，那么在大盘翻几倍的行情里，只赚了百分之几十的人，其实完全不必为自己没有达到市场平均收益水平而感到惭愧。更重要的一点是，这种"知耻而后勇"是相当危险的。投资者会因为在牛市里未能获得足够的"比较"而来的幸福，而在熊市来临的时候，不肯离场，结果必然是潮水退去时被波涛顺便卷走了泳裤。恐怕连之前赚的百分之几十都没有了。治疗因"比较"而不幸福的方法，就是知足常乐，但真的很难有人能做到。

变心板效应

在上下班高峰期，公交车到站，人人拼命挤；当没有挤上车的时候，有人会喊："里面的人挤一挤，让我上去。"上车站定了的，就希望快开车，看到车下还有人使劲往车上挤，便心生厌恶。有人会说出这样的话："车里那么多人，你们能不能等下一班？门都关不上啦。"

刚才还为等同一辆车而站在一起，为什么一上了车，便对身后的人表现出不满呢？这便是心理学上所说的"变心板效应"。此刻，公交车车厢"踏板"，就是块"神奇"的变心板。一踏上这块板，从心理上即脱离了车下的挤车群体。

通过上面的事例可以看出，当人发觉有利可图时，就会努力追逐机会；当自己得到某项利益后，便不希望尚未获得利益的人来分割同样的利益空间，从而会对他们进行排挤，即便这些人曾和你一起追求机会。这就是人类自私本性的典型表现。在股票市场上，变心的机会更多，从没仓位变成有仓位后，立马变心。阻力变支撑，支撑变阻力，市场参与者的心态随之悲喜交加。市场主力翻手为云，覆手为雨，中小投资者如醉如痴。

从一个“鸡蛋”到另一个“鸡蛋”

这是个开玩笑的标题，为了吸引大家的眼球，“鸡蛋”其实是“极端”的谐音，咱们讨论的是市场参与者的心态变化往往会从一个极端走向另一个极端。我们经常会看到一个极端看空的人，会在条件发生改变的时候，变成一个极端看多的人。而这种切换是无缝衔接的，没有过渡和缓冲。股票市场中的两个极端是什么？激进与保守，或者多空立场的转换。我们会看到在行情的刺激下，市场参与者的心态频频转换，被戏称为“昨天ICU，今天KTV”，我们总结为从一个极端到另一个极端，即我们总结的股票市场变心板效应。这样的转换既不是渐进的，也没有缓冲带，不存在过程，而是在满格的绝望与亢奋之间瞬移。如果变心板效应说的是只要必备的条件出现，市场参与者的立场就会发生改变，那么从一个极端走向另一个极端，说的是这种改变不是一个渐进的过程，咱们可以把这个改变设定成从-100变成+100的模式来说明，这个改变的点是中间的0。一般我们认为的改变如果是从负变正，那应该是0，-1，-2，-3，……，-99，-100类似这样的过程。那大概我们描述市场参与者心态变化就应该是极度看空—有些看空—中性看法—有些看多—极度看多。但我们所说的市场参与者心态的改变，只有三个数值，上一秒还是+100，下一秒如果0出现了，就会直接变成-100。什么预热啊，升温啊，所有过程统统不存在。我们这个自我认知的部分所讲的所有问题，都在试图揭示市场参与者自我心理的状态及其变化规律，希望大家能够通过这些典型的事例认识自我、认识市场。举例说明，在一段震荡行情中，前高点下方的每一次震荡，市场参与者都会选择卖出，尽管每一次震荡之后，价格都在提高，但一有风吹草动，大家还是拨马就跑。而一旦价格突破了前高点，市场参与者的情绪便立即发生转变，操作也将由此前的抛售转变为追入。心态由谨小慎微直接变成信心爆棚。作为市场参与的个体，我们要知道这种情绪变化的规律导致的行为模式，从而有针对性地建立自己的操作模型。

心中的葡萄树

宗教改革家马丁·路德·金的这句哲言“即使世界明天毁灭，我也要在今天种下我的葡萄树”，依然可以激励我们不被末日感淹没并控制！因此葡萄树，其实就是心中的葡萄树，对投资事业的指引作用是无可替代的。在股票市场中，贪婪与恐惧是周期性展现的，而我们在市场中获胜的秘籍，其实就是在别人贪婪时恐惧，在别人恐惧时贪婪。话虽简单，执行却难。因为人是一种群居的动物，心灵上的抱团取暖、从众是无师自通的近乎本能的选择。实际上，能够在别人恐惧时保持平常心已经难能可贵。那么怎样才能在几近崩溃的市场中安之若素呢？当市场演绎完美风暴时，就在心中默念这句哲言。

成败说明一时　意志决定一生

“成败说明一时，意志决定一生”是《短线英雄》中只铁老师的名言，尽管很多股坛名宿已经渐渐淡出了我们的视野，但他们的经验之谈，仍会时时激励着我们这些末学后进勇往直前。每当我遭受挫折的时候，如何面对失败再度鼓起勇气，这句话就会浮现在脑海中，让自己虚弱的内心恢复些许坚强。笔者的一位朋友周大哥的故事，或许可以说明这个问题。

1996年，我在上海的南车站路待过一段时间，当时年少轻狂的我也和很多小伙伴儿一样沉迷于电脑游戏，主要是玩一款策略类游戏——《三国志》。营业部总经理周大哥偶然看到，也许是异地生活的寂寞，他决定试试，找了一个周末的晚上，让我指导他开一局。玩到凌晨5点时即将与电脑进行最后决战，这时由于周大哥操作不太熟练，犯了一个低级错误——让所有战士解甲归田。在无一兵一卒的情况下，遭到了电脑反攻。我当时的想法就是玩儿完了，于是灰心丧气，回屋睡觉去了。当我醒来的时候，是早上7点，发现周大哥居然已经一统江湖了。20多年过去了，周大哥也许早已忘记了这件事，但这件事我一直难以忘怀。知识分子最大的不足，就是过分依赖数字及其对比，实际上、精神力量才是制胜的法宝。

“屌丝”会逆袭

曾几何时，网络用语兴起，比如“屌丝”这个词，从来便属于上不了台面的市井俚语，现今却成了底层大众的标签。其实在股票市场上也存在这种群体，市值小、业务滥、股价表现呆滞、缺乏市场形象和话语权的股票一抓一大把。它们可以称为股票市场上的“屌丝票”。不过，风水总是轮流转，“屌丝”也是容易逆袭的。在股票市场上，利益最大化的不见得唯有业绩红利，还有更重要的一种功能实现，叫作资产重组。“屌丝”摇身一变就能成为“高富帅”。话说1999年，李泽楷收购一家市值3亿多港元的空壳上市公司“得信佳”，在取得该公司的控制权后，李泽楷将“数码港”发展权益无条件注入“得信佳”，并将“得信佳”更名为“盈科数码动力”，主营高科技业务，成功实现借壳上市。使其变更为高科技概念股，受到了市场狂热追捧，市值达到600亿港元。黄金变黄金一点儿都不稀奇，只有粪土变黄金才能产生暴利。

狼来了需要喊三遍

著名的《伊索寓言》的名篇《狼来了》大家都耳熟能详，但这跟股市会有什么关系，恐怕大家都没有概念。我们还是先复习一遍幼儿园的课程。

从前，有个放羊娃，每天都去山上放羊。

一天，他觉得十分无聊，就想了个主意捉弄大家寻开心。他向着山下正在种田的农夫们大声喊："狼来了！狼来了！救命啊！"农夫们听到喊声急忙拿着锄头和镰刀往山上跑，他们边跑边喊："不要怕，孩子，我们来帮你打恶狼！"

农夫们气喘吁吁地赶到山上一看，连狼的影子也没有！放羊娃哈哈大笑："真有意思，你们上当了！"农夫们生气地走了。

第二天，放羊娃故技重演，善良的农夫们又冲上来帮他打狼，可还是没有见到狼的影子。

放羊娃笑得直不起腰："哈哈！你们又上当了！哈哈！"

大伙儿对放羊娃反复说谎十分生气，决定再也不相信他的话了。

过了几天，狼真的来了，一下子闯进了羊群。放羊娃害怕极了，拼命地向农夫们喊："狼来了！狼来了！快救命呀！狼真的来了！"

农夫们虽然听到了他的喊声，但都以为他又在说谎，谁也不理睬他，没有人去帮他，结果放羊娃的羊好多都被狼咬死了。

故事很简单，但小故事里蕴含着大道理。我们看看，喊狼来了，喊到第几遍才没人信的？是第三遍。第一次、第二次，都有人信，但因为连续上当，才会形成思维定式。股票市场里最重要的东西是什么呢？是诚信，原因是市场中充斥着尔虞我诈，骗子太多了。但这里面又不全是假的，而是真真假假、虚虚实实，掺杂其中。人们什么时候会丧失警惕性？当形成思维惯性的时候。而思维惯性基本不会在单次发生的情况下形成。举例来说，当股价准备突破阻力位时，大家都看到了兵临城下，纷纷介入准备坐轿，而前方套牢筹码也安心等待解套获利。这时股价接近阻力位就会撤退，大家虽然有些灰心，但一线希望尚存。当股价二次来到阻力位时，希望重新燃起，但股价可能是碰到阻力位又被打回，这时大伙开始懊悔，早知道大主力没能力过阻力位，还不如做个短差降降成本。当股价第三次来到阻力位附近，短线客加上套牢盘，纷纷出手卖出做短差，结果被大主力全盘接下，直接突破阻力位。这个过程基本等同于故事中的狼来了。

阿凡提的驴蹄子是世界的中心

国王想知道世界的中心在哪里，他找遍了学者，结果谁也没能给出答案。国王觉得自己很聪明，想出了一个难倒众人的问题。他意犹未尽，在城门贴出告示，并宣布答对有赏，答错受罚。人们看到告示，都摇摇头走开了。阿凡提骑着毛驴经过城门，看到告示，转转眼珠又摇摇

头，然后满意地嗯了一声，取下告示，直奔王宫。国王见到阿凡提便问：“怎么样，你知道世界的中心在哪里？”阿凡提答道：“我当然知道。世界的中心，就在我这头驴的左前蹄子踩的地方！”国王说：“我不信，你胡说。”阿凡提说：“不信你就自己量一量喽。”

作为一个市场参与者，必须有自己对市场的判断方法和看法，而不要去和别人探讨对市场的看法。这里不是让大家不去学习，而是说在当下的市场中，是看涨还是看跌，应该自己选边儿站队，而不是去问别人的意见，特别是投资顾问的意见。因为在市场中既然能形成看涨和看跌的分歧，就说明每个人都有自己的道理，而别人的道理，未必适合你。

超前一步容易挂

超前半步是先驱，超前一步容易挂；

落后半步是迂腐，落后一步是顽固。

紧跟时代不落伍，超前落后小半步；

不前不后最适当，最世俗者最舒畅。

也不知道是哪位大侠创作的顺口溜，仅记在此。之所以记录于此，是因为其对股市来说太贴切了，吾辈唯有景仰的份儿。很多人在股市里，通常是过于急躁的，包括笔者在内。年轻时更甚，现在是否已经痊愈并免疫，仍然是未知数。生怕自己落后，生怕自己赶不上趟儿，起的是大早，赶的是晚集。超前一步几乎是常态。在市场里的操作，以为自己是右侧选手，结果回头看，皆为左侧。只要你试图抄底，基本上便是抄在了半山腰。笔者思量，“抄”和“超”，很有可能同音即同义。所谓船小掉头快，散户最大的特点就是一秒钟满仓，一秒钟又清仓。而大资金是做不到这一点的，所以大资金从来不和你比手速，比的是资金优势。武侠小说里经常用到一个词叫“招数用老”，意思是变招已无可能。一定要等主力先出招，然后再捕捉战机，而不是去预判人家的预判，“紧跟”这个词已经定义好了身位。那么有小伙伴儿会问，超前就超前了呗，有啥分别嘛。我们还是那个灵魂拷问：最低点是谁砸出来的？会是那个最高价买入，被套在高高的山岗上的小可怜儿吗？答案是，最低点通常是左侧建仓的市场参与者在创出新低时果断斩仓割出来的。不前不后，差个小半步，是最理想的状态，虽然要做到可能很难，但只有这样才是最正确的，这就是所谓难而正确的事。

喜马拉雅山的猴子

从前，在一座高山的山脚下有一个小村子，那里住着一位仙风道骨的老人。这个村子里的人世世代代过着非常贫困的日子，他们从来都没有走出过这个村子。

有一天，老人突然向村民宣布，说他学会了点石成金的法术，可以帮助村民致富。但是，他不能白教村民这种法术，想要学法术的人，一定要把家里最值钱的东西拿出来当学费。

这个消息一出，立刻就轰动了整个村子。村民都觉得可以试一试，如果他们能够发财，牺牲一点儿学费根本不算什么。

于是，所有的人都把家里最值钱的东西拿了出来，他们虔诚地交了学费，聚集在老人的住所周围，听老人传授这个神奇的法术。只见老人叽里咕噜地念了一段很长的咒语，那盖在木桶下的石块果然变成了黄灿灿的金子。

“这真是太神奇了！请赶快教教我们吧！”每个人都发自内心地喊出了这句话。

老人收下了村民的学费后，开始不厌其烦地向村民传授法术。他一句接一句地念着咒语，直到村子里最笨的人也能够轻松地背诵出咒语。

然后，老人看看村民，满意地说：“好了，现在大家都学会了这些咒语，你们在明天太阳出来的时候就可以用点金术变出金子来了，我保证每个人都能把随手捡来的石头变成金子。但是，有一点你们一定要记住，那就是在你们念咒语的时候，心里一定不能想着喜马拉雅山的猴子。这是这种法术的关键所在，如果你们忘记了这一点，那么法术就失灵了！”

“绝对不会！”村民齐声回答。黄金跟喜马拉雅山的猴子有什么关系呢？这个老人真是奇怪，他们当然不会想到什么猴子了。然后，他们高高兴兴地回家了，一路上都在想着，自己很快就会成为一个大财主了。

然而，许多年过去了，村子里至今还没有人把木桶下面盖着的石头变成金子，尽管他们不断地围着木桶念咒语，并且“努力”不去想喜马拉雅山的猴子。但是，没有一个人责怪那位老人骗了他们，因为每个人都承认，即使他们努力告诫自己，也还是会想起毫不相干的喜马拉雅山的猴子！

心魔是什么，越不让干什么越干什么。当我们看到业余选手的选股与操作，就会发现，每个人心中不仅有自己的哈姆雷特，还有自己心中那只喜马拉雅山的猴子。《心经》中说，“心无挂碍，无挂碍故，无有恐怖，远离颠倒梦想”。如果挂碍产生，人就被阻挡在此，无法前进。

巴菲特关于“凯子”的故事

股神巴菲特打过一个比方，他说：“好比打牌，如果你在玩了一阵子后还看不出这场牌局里的‘凯子’是谁，那么，这个‘凯子’肯定就是你。”

“凯”字与“慨”字同音，基本上，它也有这么一层含义，即大方、慷慨，早期这个词专指那些被女人骗了钱财没落着好的男人，现在大约是指出手大方有钱的傻瓜。巴菲特这个比方是很有代表性的，咱们曾经认同了市场的本质是箩筐套鸟，那么谁是箩筐谁是鸟先得分清楚。每个市场参与者都想在股市里面分一杯羹，酒足饭饱谁来买单就是个问题，参加饭局不知道谁来买单，那一定是吃到最后的被饭店揪住不让走。股市里面的逻辑就是盈利模式问题，加入游戏准备开始之前，要知道谁是运输大队长。这个市场里面会聚了全世界最精明的群体，精明地在算计别人兜里的钱，如果自己根本没有打法，没有主张，那就只能是被算计的“凯子”了。

一万小时定律

外国两位畅销书作家，丹尼尔·科伊尔的《一万小时天才理论》与马尔科姆·格拉德威尔的一本类似“成功学”的书《异类》，其核心都是“一万小时定律”。就是不管你做什么事情，只要坚持一万小时，基本上便可以成为该领域的专家。

格拉德威尔在《异类》中指出：“人们眼中的天才之所以卓越非凡，并非天资超人一等，而是付出了持续不断的努力。一万小时的锤炼是任何人从平凡变成世界级大师的必要条件。”他将此称为“一万小时定律”。

要成为某个领域的专家，需要一万小时（合1.1415525年），按比例计算，如果每天工作8小时，一周工作5天，那么成为一个领域的专家至少需要5年。这就是一万小时定律。

在证券行业，想成为专家，攒够一万小时需要更多时间。如果一年按50周计算，每周开市5天，每天交易时间是4小时，每年理论上大约有1000小时，满打满算需要10年，再扣除节假日、年休假、开会、接待客户来访等，想成为行业专家，10~15年的经历应该是必不可少的。那么我们想想看，如果一个基金经理，除非天赋异禀，否则从业时间要是低于10年，便有可能处于“油梭子发白——短炼”的阶段。在这方面最有心得的应该是我的岳母，她老人家去医院，挂号必挂专家号，一定挑年长的医生看病，想必是丰富的生活经验使然。年轻人有年轻人的好处，有冲劲儿，敢创新，但极有可能会付出一些代价，关键在于你愿不愿意付出代价。

自我认知的四个阶段

1999年，康奈尔大学的心理学家大卫·邓宁（David Dunning）和贾斯廷·克鲁格（Justin Kruger）对人类知道的四个阶段做了研究，研究结果就是著名的邓宁-克鲁格效应（Dunning-kruger Effect）。

人自我认知的四个阶段分别为：

第一阶段，我不知道我不知道。这个时候，虽然无知但是自信而快乐。

第二阶段，我知道我不知道。这个时候开始了解世界的各种真相，生活没得选择，被社会各种“割韭菜”，真诚被贩卖，这个时候我们的内心失望透顶，我们会怀疑自己，也会怀疑人生。

第三阶段，我不知道我知道。这个时候慢慢看到转机，也发现事情并没有想象的那么糟糕。曾经的痛苦变成经验，生活开始补偿过去的亏欠，这个时候人生开始走上坡路。但自信心仍在恢复阶段，做事情总是战战兢兢，如履薄冰，但横下一条心去拼一拼，会发现车到山前必有路，船到桥头自然直。

第四阶段，我知道我知道。到了这个阶段，外界的认可突如其来，自己看起来毫不费力就做好的事情，外人却觉得难度很高。得心应手，游刃有余。窥户牖而知天下事，一切尽在掌握之中。

在学习炒股的过程中，必然也会经历这样的四个阶段，我们按图索骥去对照就可以知道自己目前所处的是哪个阶段。当然，有很多人终其一生也没有机会进展到第四阶段，而是在前三个阶段的某一个时期徘徊。然而这些阶段都是成长必然的经历，没有什么捷径可走，攒够经验值就升级，道理就是这么简单。

知识的类型

经济合作与发展组织（Organization for Economic Co-operation and Development，OECD），将知识分为四种类型：

1.知道是什么的知识（Know-what），指关于客观事实的知识；

2.知道为什么的知识（Know-why），指自然规律和原理方面的知识；

3.知道怎么做的知识（Know-how），指技术诀窍、技能和能力方面的知识；

4.知道谁有知识的知识（Know-who），指知道何人具有何种知识和能力的知识，涉及社会关系等方面。

我们投身股票市场，学习知识是必备的手段，那么了解知识的分类和层次是很重要的，知道是什么、有什么，只是最基础的学习。虽然绕不开，但学习之后，尚无法据此解决实际问题。比如证券市场基础知识，又如各种电脑软件的使用。还有最典型的就是证券从业资格考试，能够通过证明的是具有入门资格。而为什么和怎么做这两个方面才是菜鸟和老鸟的本质区别。当然这些方面也是争议最大的地方，不同的流派与金庸笔下描绘的武林派别极其相似，互相贬低甚至攻击都很常见，各种秘籍充斥市场，良莠不齐，普通人缺乏辨识能力，往往无所适从。所以知道谁有知识更是一个缺乏标准的领域，多年来，笔者见过很多非常勤奋的投资人，每天辛苦忙碌，学习和研究不辍，但收效甚微。这也是笔者希望本书付梓的一个非常重要的原因，希望给有缘人节约一些时间，提高一些效率。

股票市场的两个最根本问题，一个叫作为什么，一个叫作怎么做，也就是知识类型中的“why”跟“how”。这两个问题其实是同一个问题，即所谓一体两面。知道了为什么，基本上也就知道了该怎么做。怎么做，就是一个最核心的问题，我们那些浩如烟海、汗牛充栋的专业书籍，主要想解决的问题，就是怎么做。

江湖越老胆子越小·初生牛犊不怕虎·新手保护期

老股民在牛市里赚不到钱，这可不是什么新鲜事。一般来说，新手在牛市里基本上是指哪儿打哪儿，无往不利，但老手畏首畏尾，小赚一点儿就撒丫子跑路，根本拿不住筹码。这事儿其实非常好理解，因为老手也是从新手过来的，也曾经初生牛犊不怕虎，但老牛在被虎伤过以后，一朝被蛇咬十年怕井绳。新手刚入市时，都会有个新手保护期，不只是股票市场，打麻将、玩儿网游，哪个不是呢？网游角色刚一生成都是无敌状态，问题是保护光环是有时效的，时间一长就原形毕露了。很多人初入股市赚了不少，于是决定全职炒股，笔者听过一些人的豪言壮语：世界上还有比这简单还暴赚的行当吗？后来都“伤仲永”了，没见新股神浮出水面。成为老股民之后，特点就是整天疑神疑鬼，稍有风吹草动拔马就跑。这都是惨遭屠戮劫后余生的保命经验。不过，老手并不一定是能手或者高手，我们只是说市场中常见的状态未必是成功的状态，走什么样的路也因人而异。

踏空比套牢难受一万倍

踏空比套牢难受一万倍，这个数据是怎么来的，因为古人形容差距很大，一般用百，比如百无聊赖。如果形容差距特别大，也就是比百还百，那就是万了。所以说踏空的体验与套牢难受的量级差别非常大，简单比较，差一万倍。那么踏空比套牢难受的这个结论是怎么下的呢？有人说，不对吧，人家心理学上说，同样金额的损失和盈利，损失造成的心理阴影和创伤，要远大于盈利带来的喜悦和幸福。大家说得都没错，损失和盈利是指实际发生的，而套牢是浮动亏损，斩仓了才是真实损失。至于说踏空，卖完股票又涨了，属于典型的数别人兜里的钞票，跟自己的盈亏一点儿关系都没有。所以踏空和套牢，跟前面提到的那种心理是两种不同的心境。通过前面的分析，我们已经可以认识到，踏空与套牢应该同视为虚拟状态，这里面其实套牢更实际一些，但正因如此，踏空的感觉更让人无法接受。因为套牢之后，只要没有催保，很多人会觉得把牢底坐穿，钱还能回来，但如果是踏空，那就一点儿指望都没有了。这是一种非常奇妙的心理，俗语“庄稼佬，生得怪，越贵越不卖”，诠释了为什么会在股市里“坐电梯”。如果我们不知道自己有多贪心，踏空的感觉就是贪心存在的证明。很多人初入股市时，都会标榜自己“见好就收”，但踏空的次数多了，见好就收这话就会被抛在脑后。结果就是宁可套牢也绝不允许自己踏空。那么要真踏空了怎么办？追！结果是高位接盘深度套牢即成为常态。

功败垂成

很多人认为，在即将成功的时候倒下了最令人扼腕叹息，其实不然，这属于凡夫俗子的常态。中等生说自己成绩不理想，那是因为马虎了，本来题都会做的。这种说辞给人异曲同工的感觉。中国的古人讲究天人合一，在漫长的冬夜里，最冷的时段，不是子夜，而是凌晨，俗称“鬼龇牙”。而凌晨也就是天马上就亮了，太阳将要升起来的时候。看似距离成功一步之遥，却也是最难挨的时候。我们发现，很多人在股票市场里的表现也基本是这样——一路持仓坚守，结果在黎明前的黑暗当中迷失，最后“割肉”在了地板上。而且常常是割完以后，目送着股价一骑绝尘。坚持是世界上看似极其简单，实则难于上青天的事情。上学的时候，我们都学过叶挺的诗句：“为人进出的门紧锁着，为狗爬出的洞敞开着。一个声音高叫着：‘爬出来吧，给你自由！’”而在股票投资的过程中，这种声音不但出现在身边人口中，而且出现在投资人自己内心深处。越是确定正确的事情，时间就会坚持得越久，但反向的声音达到鼎盛之时，大多数人会坚持不住而崩溃。

而这时，事情的走向往往开始反转，这在股票市场中屡见不鲜。从旁观者的视角来看，就差一点点，就差临门一脚，但身处其中的投资者，已经耗尽了最后一点点的耐心、信心和决心。所以股神就那么几位，是一种稀缺资源。

追求完美

追求完美是世人的通病。什么不能输在起跑线上啦，等等，我们的很多心态，都具有层次递进关系或者因果联系，比如，幸福来自比较和追求完美。追求完美的主要目的是在比较中得到幸福。当我们把这种心态放到股市上会发现，很多人的诉求发生了偏移。他们的目标不是在市场中取得盈利，而是要求自己要买到那只涨得最多的股票，如果恰好买到了那只涨得最多的股票，就要求自己必须是满仓买进，恨不得加杠杆才行。如果是满仓买进涨得最多的那只股票，就要求自己必须买到最低价，卖在最高价。如果能买在最低卖在最高，就要求自己必须每个波段都得参与，如果错过了就不行。简言之，追求完美的人必须是天下第一，否则就不开心。但人人都能做天下第一吗？所以追求完美的人天天都不开心，因为欲求不满，反正看啥都不顺眼，浑身上下充满了负能量。这是个不完美的世界，在这里要求事事完美，了不可得。而且在股票市场上，我们的目标是获利，完美的获利和不完美的获利都是获利，与亏损是天壤之别。从某种意义上说，追求完美反而会成为我们达成目标的障碍。消除这种障碍的方法，其实也很简单，就是敬畏市场，时时刻刻抱有一颗感恩的心。

“追涨杀跌”是赌徒心理，在市场中可以没有局的概念

以全额自有的资金买入股票具有其他交易方式没有的优势，就是

不需要在一个有限的时间范围内必须退出。其实在一个有限的时间范围内了结，是典型的赌场模式，即所谓“局”的概念，或者我们可以说成回合。一个股票投资人，为什么会在一段严重下挫后将股票卖出斩仓？一方面是承受不了持续下跌的心理压力，另一方面是把股票市场的投资视同赌局。真正的投资逻辑我们看一看巴菲特的思路即可了解。当超市打折时，考虑扫货自己心仪的商品；如果价格高企，则坐拥大量现金作壁上观。但是我们身边的很多人，完全相反：价格的攀升刺激，是买进的理由，跌落则卖出。俗称“追涨杀跌”，全非投资思路，而是一种赌博的逻辑。这样做的人抱着一种赌徒心理，对于交易来说无疑非常有害。破解的方法也很简单，就是破局，不要把交易硬性规定成一局一局，一个回合一个回合，打破时间范围界限并建立低位补仓的习惯以替代追高。

在电梯里跑步做运动

有这样一个故事，说在一个电梯里面有三个人，一个人在电梯里跑步，一个人在电梯里做俯卧撑，还有一个人在举杠铃。人们很奇怪，问他们为什么要在电梯里做运动，这三个人说，他们认为在电梯里各自的做法能让电梯运行得更顺畅更高效。我们具备常识的人都知道，在电梯里面的人不操作按键给电梯发出指令，是无法改变电梯运行状态的。而乱动不但无法让电梯运行得更顺畅更高效，还有可能导致电梯故障发生危险。可是在股票市场里，我们却经常做类似的“努力”，比如追涨杀跌，试图改善绩效，摊低成本。结果成本越摊越高，窟窿越捅越大。有句话叫方向错了，越努力离目标越远。市场参与者经常有很多不切实际的想法，例如买在最低，卖在最高。事实上，这根本不是盈利的必要条件。在市场中获利，只需要卖价高于买价即可。费尽心思寻找买点，远不如追踪趋势来得实惠，而且不容易患得患失。要想想，我们是不是正在股市这部电梯里面跑步做运动。

希望实验

1950年，美国哈佛大学的科特·里希特博士突发奇想，想看看老鼠掉进水桶里，能够坚持多久不被淹死。于是，他找来一个光滑的大桶，接了半桶水，选了一只较为肥硕的老鼠丢进桶里。由于没有着力点，老鼠在水里扑腾了好一阵，都无法找到自救的办法。眼看自己快要沉下去了，又赶紧游到桶边，希望能逃过一劫，可桶壁实在太光滑了，老鼠拼命游泳，就是无法跑出来。十分钟后，老鼠精疲力竭，游泳速度越来越慢，鼻子不时没入水中，又挣扎着冒出来。终于，十五分钟后，老鼠坚持不住了，随着最后一丝力气耗尽，它缓缓沉入水中。这一次似乎再也没有挽回的余地，老鼠已经做好安然等死的准备。可是，里希特却大手一捞，将它救了起来。

感受到新鲜空气灌入鼻腔，老鼠的眼里再次有了光，里希特将它放在角落，等它慢慢恢复元气。然而，几分钟后，里希特再次将老鼠丢进桶里，并且又找了五只老鼠重复刚刚的操作，在老鼠即将溺死时，将它们捞出然后再放回水里。神奇的事情发生了，十五分钟后，原本应该沉入水底的老鼠，还在苦苦坚持，四十分钟后，还是没有放弃的打算。

它们都坚信那双手会再次出现，于是拼了命地等待，直到日升月落，六十小时后，才绝望地沉向水底。

十五分钟和六十小时，差了整整二百三十九倍，谁也不知道老鼠最后的想法，但能感觉到，它们眼里的光在慢慢熄灭，这就叫"希望实验"。

或许在大家看来，这个实验平平无奇，谈不上邪恶，也谈不上残忍，毕竟只是几只老鼠溺死的过程。但你想过一个问题吗，精神上的折磨远比肉体的折磨更痛苦。身体是一副躯壳，受伤了能够痊愈，而精神是一个人的支柱，力量不大，却能直击心灵，有时候崩溃和绝望，往往只需要一瞬间。而希望实验的残忍之处在于，给了你希望，却又看着你慢慢深陷绝望，有过这种经历的人，应该深有体会。

在股市中，老股民为什么能够被套多年而不崩溃，主要原因就是熊市中总是有阶段性反弹出现，相当于神秘大手从水中将老鼠捞出来。当然，很多人当时已经崩溃过了，但自己崩溃之后发现市场不但没崩溃，反而舞照跳，马照跑，甚至更上一层楼。这种经历重复几次之后，类似希望实验的信心就能够逐步建立。

彼得原理

彼得原理是管理心理学的一种心理学效应，指在一个等级制度中，每个职工趋向于上升到他所不能胜任的地位，是由美国学者劳伦斯·彼得（Laurence Peter）在对组织中人员晋升的相关现象进行研究后得出的结论。

在各种组织中，由于习惯于对在某个等级上称职的人员进行晋升提拔，因而雇员总是趋向于被晋升到其不称职的地位。彼得原理有时也被称为“向上爬”理论。彼得由此得出的推论是，“每一个职位最终都将被一个不能胜任其工作的员工所占据。层级组织的工作任务多半是由尚未到达胜任阶层的员工完成的”。每一个员工最终都将到达彼得高地，在该处他的提升商数（PQ）为零。彼得原理道破了所有阶层制度之谜。凡层级制度组织，如商业、工业、政治、行政、军事、宗教、教育各界，都存在彼得原理。最明显的莫过于各国政府现行的人事制度。有关干部任用和政府现行公务员制度中明确指出，提升到某一级别的职位必须在下一级（或半级）职位中任职达到一定年限，逐层向上提升，并将选拔范围放到最小的圈子，最后的结果正如彼得原理所推导出的：大部分的职位是由不能胜任的人所担任的。

投资人为什么要知道彼得原理？我们和市场打交道，好像也用不上管理学。但是如果在选择基金经理，或者在行业中选择上市公司的时候，运用好彼得原理，可以校准我们的预期。如果我们知道基金经理基本上是沿着行业研究员—基金经理助理—基金经理—投资总监这种路径晋升的话，按照彼得原理的说法，到底有多少基金经理有担当，还需仔细思量。当然，笔者这种滥竽充数的投顾，也好不到哪儿去。

皮格马利翁效应

皮格马利翁是古希腊神话里的一位雕刻师。他用象牙精心雕刻了一位美丽的姑娘，并倾注了全部心血和感情，希望雕像能够成真。上帝感其所诚，使象牙姑娘获得了生命，成了他梦寐以求的情侣。

美国著名心理学家罗森塔尔和雅格布森在小学教学中予以验证并提出了皮格马利翁效应（Pygmalion Effect，或译“毕马龙效应”“比马龙效应”“罗森塔尔效应”“期待效应”），它暗示在本质上，人的情感和观念会不同程度地受到别人下意识的影响。人们会不自觉地接受自己喜欢、钦佩、信任和崇拜的人的影响和暗示。

有一句著名的话：如果你想飞，你就要相信自己能飞。你期望什么，你就会得到什么，你得到的不是你想要的，而是你期待的。只要充满自信地期待，只要真的相信事情会顺利进行，事情就一定会顺利进行；相反地，也可以说，如果你相信事情不断地受到阻力，这些阻力就会真的产生。成功的人都会培养出充满自信的态度，其相信好的事情一定会发生。这就是心理学上所说的皮格马利翁效应。

在股市里，每个人都对市场倾注了自己的期望和信念，而多空双方所相信的好事是对立的，那么究竟谁能胜出，也许需要考验意志力，不够坚定的一方终将被臣服。所有的分析，无论是基本面的、技术面的、市场面的还是政策消息面的，其目的都是树立信心，而投资决策建立在信心基础之上。由此我们不得不再次提到长征，长征的胜利来源于无比坚定的信心。

大富翁游戏中为什么人人都赚钱

笔者在年轻时，也玩儿过一些电脑游戏，但不是网络游戏，因为20世纪末国内电脑刚刚普及，所以大家玩儿的都是电脑游戏，当时有一款游戏叫《大富翁》，在虚拟人生中买地炒股，忙得不亦乐乎。但笔者发现，在这游戏里炒股赚钱特别简单，每个人赚几亿元简直不要太轻松。但实际生活中炒股赚钱是千难万难，虚拟和现实的差距为什么如此之大呢？通过对比我们可以发现，至少有两个方面的原因：一是游戏中时间过得很快，一年时间不到两小时就过去了，而且游戏中做不到天天进股市，因为短线交易不切实际，所以基本是在搞中长线。而现实生活中，不但是几乎天天忙活，而且要是论年持有股票，会感觉时间特别漫长，心态完全不一样。二是在游戏中大家大多会选可口可乐、台积电这种优质股，在大跌之后买，而且越跌越买，然后等到大涨之后才会卖，小的波动根本不予理会。而现实生活中的买法，经常是乔太守乱点鸳鸯谱，搞了一个莫名其妙、杂七杂八的组合。还喜欢“追涨杀跌”，有些高价买入后持仓的股票往往跌到爪哇国，然后扛不住了割掉。如果说“他山之石可以攻玉”，那么电脑游戏似乎可以带给我们一些投资方面的启示。

穿西装的农民

证券行业的从业者，经常自嘲为“穿西装的农民”。穿西装的原因很简单，因为这个行业属于舶来品，这应该与卖茶叶就穿唐装类似。而这个说法，最核心的词语是“农民”。“农民”一词本身不具有褒贬的属性，它传递出的信息是，靠天吃饭。结合在一起，穿西装的农民，意思是貌似现代派的职业其实也只能靠天吃饭。这个行业最大的特点就是“三年不开市，开市吃三年”。行情火爆时高朋满座，行情清淡时门可罗雀。而行情来不来，从来不以人的意志为转移。因此证券行业里还有一个形象的比喻，叫“风口上的猪”。说的是如果一头肥猪站到了风口上，猪也会飞，但如果没有风来，那猪就是猪。“穿西装的农民”一般是对从业者的说法，而“风口上的猪”则通常是对市场参与者的说法。

停摆的钟一天也能对两次，而走快的钟却做不到

有一首歌叫《请跟我来》，歌词中有一句“我踩着不变的步伐，是为了配合你到来”。其实我们与市场的关系也是这样的，很多时候我们是在等待市场给出机会，但是一部分人没有这方面的耐心，总希望能追上行情。到底应该等待战机，还是所谓随机应变，似乎是一件仁者见仁、智者见智的事情，但如果我们能发现上面这句话——“停摆的钟一天也能对两次，而走快

的钟却做不到”的内涵，那么选择困难症便能瞬间治愈。走快了的钟表为什么总是不能准确报时？如果换成市场中的说法，就是我们无法与走势亦步亦趋地合拍，看似大把的机会，其实一个也抓不着，而停摆的钟表，看似浪费了很多机会，但能够抓到手里的机会，才是真正的机会。以不变应万变，这才叫“人定胜天”。

小白兔背上了猎枪就以为自己是亨特了

股票市场可以看作丛林，有很多毒蛇猛兽盘踞其中，而普通的市场参与者其实就是小白兔，拎着篮子采蘑菇，要是遇到大老虎在睡觉，就顺利装满篮子带回家；要是遇到大老虎刚睡醒准备打牙祭，那就惨了。不过很多小白兔知道丛林有危险，所以准备了猎枪，但是有了猎枪之后，小白兔胆子就大了，觉得自己能打过大老虎，于是就不想采蘑菇了，而是想充当猎手，玩儿虎口拔牙。这是件很危险的事情，作为小白兔要知道自己的能力，不要试图做超越自己能力范围的事情。老话讲，不要老觉得自己好像会点儿什么似的。专业投资机构吃的就是这碗饭，业余投资者就算有两把刷子，也不要真以为自己能斗得过人家。一句话，敬畏市场。

两人智慧能胜一人吗?

外国有句谚语叫“两人智慧胜一人”，中国的俗语是“三个臭皮匠，赛过诸葛亮”。但这种常规在股票市场里通常不好使。一般情况下，两个炒股的人遇见，交流一下对市场的看法，如果恰好英雄所见略同，顿时惺惺相惜，大有得遇知己之感。然而散户达成的共识，最后的结果大多是歇菜。咱们试想一下，俩考试只能得五十分的选手绑在一块儿，会否高过一个能得八十分的选手呢？在很多事情上，低水平重复或者简单相加的逻辑并不好使。在股市里，特立独行才有胜出的可能，群居的通常是食草动物，食肉动物从来都是独行者。所以千万不要抱团取暖。更进一步的想法，就是一旦自己的想法为大多数人所接受，反而要提高警惕，认真检讨，防范风险。

群体是不能做决策的

群体为什么不能做决策，因为群体的决策需要共识，而群体的共识，不可能是群体的最高见识。我们还可以从概率的角度来辨识，假如每个人决策的正确率都是50%，那么两个人同时正确的概率，降至25%，而三个人同时正确的概率，进一步降至12.5%，群体当中的人越多，意味着所达成共识的正确的概率越低。从这个角度来看，特立独行未必完全正确，但相对于群体决策来说，胜出的概率不小。

在散户这个群体中，不少人喜欢和别人商量投资决策，这不仅是一种缺乏自信的表现，从结果上看，反而会陷入群体决策的误区，本是希望找到共识来支撑信念，最终却无法提升绩效，甚至实质性地降低了绩效。

守拙

世人都喜爱聪明伶俐，愚痴笨拙为人所摒弃。在股市里，做短线、跑差价、高抛低吸就被看作聪明才智的表现。但股神巴菲特能成就今天的地位，难道是拜跑差价、做短线所赐吗？有句话叫看懂三天走势即可富可敌国。但市场中人有哪个敢称自己做到了呢？如果一个投资者，他在股价震荡区反复高抛低吸做短差，那么当股价脱离震荡区上行的时候，他很难第一时间识别出走势变盘，继续执行高抛低吸策略的结果就是错过拉升段落。因此，实际上最好的策略是龟缩不动，不被蝇头小利引诱，才能跟住大波段。因此大师们总结的经验是，能承受多大的回撤，才能获得多大的收益。《道德经》中所讲的大智若愚，就是这个意思。但一个人明明很聪明，却要放弃诸多的短差机会，专等大机会，是很难的，需要守。“守”这个词非常精妙，守拙，需要舍弃聪明，有舍才有得。难得糊涂，是因为本身太过聪明。守拙，也是传说中难而正确的事。

相对论

据说爱因斯坦曾经通俗地解释了相对论：如果你和漂亮的女孩子坐在一起一小时，你感觉像只过了一分钟。如果你独自一人坐在房间里一分钟，就好像过了几个小时。这就是相对论。

有人曾经对中国股市下了一个定论，叫作牛短熊长。如果从上述相对论的角度解释，我们就知道，这是一种感觉的结果。买了股票的人，在上涨行情中，相当于与靓妹独处，在下跌行情中，如坐针毡。我们的感觉随着个人的好恶被扭曲、被蒙蔽、被欺骗。在市场中，如果仅依靠感觉，非常容易随波逐流，最后被情绪左右。“感情”这个词非常科学，先有感然后情绪生起，就成为感情。感情通常处于比较级，由淡薄到浓烈，而人们又有期望存在，所以真实的境况反映在人的内心，都经过了相对而言的变形，如同哈哈镜一样。我们需要知道这个过程的存在。

万人敌·三人成虎

《佛说四十二章经》中讲到，佛言：夫为道者，譬如一人与万人战。挂铠出门，意或怯弱，或半路而退，或格斗而死，或得胜而还。沙门学道，应当坚持其心，精进勇锐，不畏前境。破灭众魔，而得道果！

炒股其实也是为道的一种。在“万人敌”中，“敌”的意思是抵挡，如果有一万个人说你的决策是错误的，你还能不能坚持己见？如果万人敌很容易，那么修成道果的人岂不比比皆是？真实的情况往往是另一幅场景：

战国时期，魏国大臣庞葱陪同太子前往赵国做人质，临出发前，他对魏王说：“如今有一个人说街市上出现了老虎，大王相信吗？”魏王回答：“我不相信。”庞葱又问道：“如果有两个人说街市上出现了老虎，大王相信吗？”魏王说：“我会有些怀疑。”庞葱接着说：“如果又出现了第三个人说街市上有老虎，大王相信吗？”魏王回答：“我当然会相信。”庞葱说：“很明显，街市上根本不会出现老虎，可是经过三个人的传播，街市上就好像真的有了老虎。而今赵国都城邯郸和魏国都城大梁的距离，要比王宫离街市的距离远很多，对我有非议的人又不止三个，还望大王明察秋毫啊。”魏王说：“这个我心里有数，你就放心去吧。”果然，庞葱陪着太子刚离开，就有人在魏王面前诬陷他。刚开始时，魏王还会为庞葱辩解，诬陷的人多了，魏王竟然信以为真。等庞葱和太子回国后，魏王再也没有召见过他。

或者是这样的场景：

曾参的家在费地，费地有个跟曾参同名同姓的人杀了人，就有人跑来告诉曾子的母亲“曾参杀人了”。曾子的母亲说：“我的儿子是绝对不会去杀人的。”没隔多久，又有一个人跑到曾子的母亲面前说：“曾参真的在外面杀了人。”曾子的母亲仍然不理会这句话。她还是坐在那里不慌不忙地穿梭引线，照常织着自己的布。又过了一会儿，第三个报信的人跑来对曾母说：“曾参的确杀了人。”曾母心里骤然紧张起来。急忙扔掉手中的梭子，架起梯子，翻后院墙逃跑了。虽然曾参贤德，他母亲对他信任，但有三个人说他杀了人之后，就连慈爱的母亲也不相信他了。

看看，还万人敌，三个人绑一堆儿都挡不住，这种压力再增加三千多倍就更不用提了。到底是应该坚持己见，还是应该人云亦云？笔者的建议是，看哪个容易，哪个难。难能可贵。

曲突徙薪亡恩泽　焦头烂额为上客

《汉书·霍光传》：“客有过主人者，见其灶直突，傍有积薪。客谓主人，‘更为曲突，远徙其薪；不者，且有火患。’主人嘿（默）然不应。俄而，家果失火，邻里共救之，幸而得息。于是杀牛置酒，谢其邻人，灼烂者在于上行，余各以功次坐，而不录言曲突者。人谓主人曰：‘乡（向）使听客之言，不费牛酒，终亡（无）火患。今论功而请宾，曲突徙薪亡（无）恩泽，燋（焦）头烂额为上客耶？’主人乃寤（悟）而请之。”

在自我认知这部分，我们探讨的核心问题，其实就是人之常情，但我们要想一想，人之常情是不是就是应该的，就是正确的呢？我们清楚了自身的思维路径，才可能有意识地避免某些思维陷阱。在这个故事中我们会发现，一个有预见性的建议，很不容易被采纳，因为人们总是习惯于现有的行为模式，走顺腿了，没觉得有什么不妥。在股市中也一样，不良的操作习惯养成之后，想要改掉是很难的，特别是这种操作的结果也不是百分之百的损失。

相比之下，能够把重大损失挽回的策略自然更受重视，而潜在的损失和既有的损失，市场参与者的感觉是不同的。扁鹊曾说，他的大哥才是真正医病的高手，所谓“上工治未病”，与此异曲同工。

痴儿写万

《中国寓言故事》中记载了这样一则小故事：

古时候，汝州有一位财主，虽然很富有，家里却没有一个人识字。为了改变这种状况，财主特意请了一位先生教他的儿子读书写字。第一节课，先生教财主的儿子写“一”字。先生拿起笔在黑板上画了一横，说：“这是‘一’字。”财主儿子便学着老师的样子，在本子上画了一横。接着老师又在黑板上画了两横，说：“这是‘二’字。”财主的儿子又学着老师的样子，在本子上画了两横，然后他问老师：“‘一’字是一横，‘二’字是两横，那‘三’字是不是三横？”老师高兴地夸奖他：“说得很对，你真是个有悟性的学生。”听到老师的夸奖，财主的儿子顿时喜形于色，说道：“原来天下的字就是这样一画一画写成的呀，太简单了！”说着他扔掉手中的笔，跑去告诉财主：“读书认字是天下最简单的事情，我只学一会儿就什么都会了，可以不必再花钱请老师教我了，快把老师辞掉吧。”财主一听，随即把老师打发走了。

过了一段时间，财主想请一个姓万的朋友来家里喝酒，就让儿子帮他写一张请柬，儿子很爽快地答应了。可等了好久也不见儿子写完，财主便派人去催。只见财主的儿子正一边在白纸上一道一道地画横杠，一边抱怨：“天下那么多字可以做姓，这人怎么偏偏姓万呢？害得我从早晨到现在，才画完五百杠。”

笔者的理解，寓言其实就是预言。财主的儿子现在不学写字了，在学炒股。只知其一不知其二，得少为足。这些表现在很多市场参与者身上展现得淋漓尽致。大家不要笑话财主的儿子，我们其实是他的孪生兄弟。

按图索骥

春秋时期，秦国有个叫孙阳的人，擅长相马，无论什么样的马，他一眼就能分出优劣。他常常被人请去识马、选马，人们都称他为“伯乐”（“伯乐”本是天上的星名，据说负责管理天马）。孙阳为了让更多的人学会相马，使千里马不再被埋没，也为了让自己一身绝技不至于失传，便把自己多年积累的相马经验和知识写成了一本书，配上各种马的形态图，这本书叫《相马经》。

孙阳有个儿子，希望自己也能像父亲那样厉害。他把《相马经》背得很熟，以为自己也有了认马的本领。《相马经》里有“高大的额头，像铜钱般圆大的眼睛；蹄子圆大而端正，像堆叠起来的块”的话语。他出门看见一只大癞蛤蟆。“这家伙的额头隆起来，眼睛又大又亮，不正是一匹千里马吗？”他非常高兴，把癞蛤蟆带回家，对父亲说：

“父亲，我找到一匹千里马，只是蹄子稍差些。”父亲一看，哭笑不得，便幽默地说：“可惜这‘马’太喜欢跳了，不能用来拉车啊！”

很多市场参与者非常热衷于学习，这是好事。但是学习的手段简单粗暴，生吞活剥。“伯乐”的儿子假如现在在学炒股，估计中招的概率会很大。因为主力擅长画图，散户喜好什么图形，就给你画出什么图形，请君入瓮。会计学有一个很重要的原则，叫实质重于形式。形态分析是一门艺术，但不是科学，僵化的思路，没有对逻辑内涵进行深刻的理解，就算是父子至亲，坐拥祖传秘方，也无法传承高超的技艺。

刻舟求剑

战国时，楚国有个人坐船渡江。船到江心，楚人一不小心，随身携带的一把宝剑滑落江中，他赶紧伸手去抓，可惜为时已晚。船上的人对此感到非常惋惜。但那楚人似乎胸有成竹，马上掏出一把小刀，在船舷上刻上个记号，并对大家说：“这是宝剑落水的地方，所以我要刻上一个记号 。”大家都不理解他为何要这样做，也不再去问他。船靠岸后，那楚人立即在船上刻有记号的地方下水，去捞取掉落的宝剑。楚人捞了半天，始终不见宝剑的影子。他觉得很奇怪，自言自语地说：“我的宝剑不就是从这里掉下去的吗？我还在这里刻上了记号，现在怎么会找不到呢？”听他这么一说，大家纷纷大笑起来，说道：“船一直在行进，而你的宝剑沉入了水底，不会随船移动，你又怎能找得到它呢 ？”

刻舟求剑这种思路，在股票市场里颇为常见。一只股票在底部区域的估值非常合理，但如果其已经在合理估值水平上翻倍，我们还坚持原来的看法，这个时候我们的说法往往就是“某某股票还能涨”。当背景因素已经发生改变时，股票市场也会随之发生改变，正如孔子所说，“逝者如斯夫”。我们还能不能继续之前的判断，需要甄别。

守株待兔

从前，有一个宋国人，他有一块肥沃的田地。他勤奋地经营着这块田地，收成很可观。田边有一个树桩，干活累了时，他就在树桩旁边歇息一会儿。有一天，他正在田地里耕作，不知从哪儿跑来了一只兔子，慌慌张张地奔逃，结果一头撞死在了树桩上。他跑过去一看，高兴得不得了："今天的运气真好，白白收获了一只兔子！"他拎着兔子一边往家走，一边得意扬扬地想："要是我每天都在这里等着收获一只兔子，那以后就可以不用这么劳累了。"于是，从第二天开始，他放下锄头，每天守在田边的那个树桩旁边，等着兔子跑过来撞死在树桩上。时间就这样一天天过去了，田地里长满了野草，荒芜不堪。宋国人还在树桩旁边等着，然而再也没有兔子来撞。

笔者的看法，守株待兔的投资逻辑，实际上是把偶然当成了必然。证券市场里存在暴利机会，但不是说所有机会都能提供暴利。在宋国人收获兔子之前，他的期望值在土地收成上，这属于合理回报，投入与产出之间联系紧密，而收获兔子之后，他的期望值调高到了无本万利的水平，少投入多产出，不投入也产出。人们经常说，期望值高到了只有诈骗才能满足要求。这就是贪心的表现。

惊弓之鸟

战国末年，秦国日益强大，逐渐有了吞并六国的野心。有一段时间，赵、楚、燕、齐、韩、魏六国决定联合抗秦。一天，赵国使者魏加和楚国春申君一起商谈抗秦主将的人选。当魏加知道春申君准备让临武君担任主将时，只是摇头叹气不吭声。春申君知道他不同意，就问他原因，魏加想了想，说："我讲一个故事给您听。听完了，您就会明白的。”接着他就讲了起来。

“从前有个神射手名叫更嬴，射起箭来真可以说是百发百中。一天，他和魏王一起散步时，天空中飞过几只大雁。他对魏王说：‘大王，我只用弓，不用箭，就可以把大雁射下来。’魏王哪里相信。更嬴又说：‘我试给您看。’

“过了一会儿，一只大雁从东方飞来，更嬴举起弓，没有用箭，只拉了一下弓弦，随着‘嗡’的一声弦响，这只大雁就从空中掉了下来。

“魏王大吃一惊，说：‘想不到你有这样的本领。’

“更嬴说：‘这并不是我有什么超人的本领，而是这只大雁受过箭伤，您没有看见它飞得很慢，叫声很悲凄吗？飞得慢，是它的伤口疼痛；叫得悲，是它离开雁群很久了。它惊魂未定，又听到弓弦响，就拼命想往高处飞，一使劲，伤口又裂开了，所以就掉了下来。’”

接着，魏加话锋一转说：“临武君刚被秦军打败过，看到秦军就会害怕，如同受过伤的鸟一样，怎么能再让他担任主将呢？”春申君觉得魏加的话有道理，就采纳了他的建议，没有让临武君当主将。

一朝被蛇咬十年怕井绳、杯弓蛇影等说的都是心理层面的问题。而惊弓之鸟，几乎就是股票市场里老股民心态的普遍现象。所谓痛定思痛，痛何如哉。笔者的老师教导说，在股市上，主力对付散户的手段一个是砸一个是拖，既粗暴又简单有效。原因就在于在股票市场混迹几年之后的“老鸟”们，都是惊弓之鸟。

盲人摸象

盲人摸象出自《大般涅槃经》：“其触牙者，即言象形如芦菔根；其触耳者，言象如箕；其触头者，言象如石；其触鼻者，言象如杵；其触脚者，言象如木臼；其触背者，言象如床；其触腹者，言象如瓮；其触尾者，言象如绳。”

盲人摸象指的是众盲人摸象体的一部分，因而各抒己见，用来比喻对事物了解不全面而固执己见，乱加揣测。盲人摸象要说明的是认识事物应从多个角度、全方位地考察。当只听到或看到事物的一部分时，不要自以为是地胡乱猜测，只有对事物进行全面的了解后，才能得出正确的结论。

现在有一种论调，说现代人的学习都不系统，都是碎片化学习，所以是无效的。笔者极不赞成这种说法。任何学习几乎都必须从点到线，从线到面，谁见过一口吃成的胖子呢？荀子说，不积小流，无以成江海；老子说，九层之台，起于累土。点点滴滴不就是碎片吗？但确实点要汇集成线，线要汇集成面，此所谓融会贯通。否则就会像盲人摸象，各执一词。在股票市场上，经验是一种宝贵的财富，但在经历不全面的情况下得出的结论，还需要锤炼提高。我们经常提醒市场参与者，自身的正确并不需要建立在别人都是错误的这个前提之上，依据的就是盲人摸象这个道理。

叶公好龙

叶公好龙出自汉朝刘向的《新序·杂事五》：“叶公子高好龙，钩以写龙，凿以写龙，屋室雕文以写龙。于是夫龙闻而下之，窥头于牖，施尾于堂。叶公见之，弃而还走，失其魂魄，五色无主。是叶公非好龙也，好夫似龙而非龙者也。”

叶公这样的人在股票市场里很常见，最经典的莫过于看好行情的人，等到真的来了牛市，反而不敢买股票了。笔者有时非常钦佩古人，对人性的把握如此准确入微。有时候一个人看好行情也许就是逼不得已，因为自己被套牢了，所以四处宣扬股市会涨，他其实是在说给自己听，是给自己打气用的。外表看起来的样子，与真实的内心想法未必相同。

市场认知

道与术

什么是道，行得通的就是道。小时候在老家，总听人讲，某某人做事情“有道”。“有道”的另一个说法，貌似应该叫“有章程”，也就是说，有一套完整的规程，而不是漫无目的地东一耙子，西一扫帚。所谓天道，就是自然规律。有道，就是遵从自然规律。无道，就是违反自然规律。孔子也论述过“邦有道”“邦无道”这件事。

什么是术，就是方法、办法，具体实施的内容。我们接触到的绝大多数是术，术是有形的，而道是无形的，具体来讲，道就是$x+y=z$，而术是1+2=3，4+3=7……

如果说术是形，那道就是神，脱离了道的术，就无神，而以道御术，就“神了”。很多人醉心于研究指标、理论，但总是不得要领，更有甚者，反过来怀疑自己学习的内容的真实性。原因很简单，无道。这有些像针灸的得气，扎不到位置，就没得气，但是得气不得气，只有被扎的人才知道。

统一字典

鸡同鸭讲是一句广东话，意思为鸡和鸭讲话，语言不通，形容两个人无共同语言，无法沟通，甚至会产生误解。这种情况其实屡见不鲜，很多时候，我们产生争执就在于对同一个事物有不同的理解，或者为同一个名词的概念给予不同的定义。特别是年代、地域、风俗文化等因素，在语言文字方面形成的差异很大。举例来说，小姐、土豪、同志等很多词的内涵早已发生了翻天覆地的变化。20世纪80年代，有个日本专家来到笔者生活的小县城指导水稻栽培，住在招待所里，有一天他找到服务员想问什么东西，结果翻译不在，服务员也不懂日语，后来这个日本专家想到一个好办法，因为日文借用了很多汉字，他直接把汉字写出来告诉服务员他要什么东西，他写了两个汉字——“手纸”，服务员一看便给他拿了一卷儿手纸过来。这个日本专家哭笑不得，因为在日文里，这两个汉字表达的意思是信件。他因为离家很久，想问问服务员有没有他的信件。这种事情在实际生活中不胜枚举，我们如果不注意这个问题，闹出笑话事小，耽误了赚钱大业就太不应该了。在股票市场上，每个词语代表的含义可能不同的人会有不同的理解，比如强势弱势、放量缩量，甚至一些理论中的专用词语都有很多解释的版本，那么在研讨过程中，我们提到的一个词，自己的理解可能是A，而对方理解的可能是B甚至是X。因此我们非常强调在交流和讨论时，务必统一字典，以免发生歧义和争执。

鸡蛋要不要放在一个篮子里

有人说，不要把鸡蛋都放在一个篮子里，因为一不小心踢翻了篮子，就鸡飞蛋打了；有人说，把鸡蛋都放在一个篮子里，然后看好这个篮子就行了。

如果问我，我就得先问问，您有几个鸡蛋呢？如果说，您只有一个鸡蛋，您不放在一个篮子里，那么可能就得打碎了放碗里。如果说，您有500个鸡蛋，想放在一个篮子里，那篮子得做成多大呢？所以，假如一个散户本来就没多少钱，那他能选择的篮子是有限的；而假如是一个大户，那他将钱全押在一个上面也很不稳当，但在现实生活中，这样做的人还真不少。

乱拳打死老师傅·总有一款适合你

在我们身边经常有这样一种人，被笔者戏称为“多种经营办公室副主任”。一万元能买十只股票，宛如一个迷你版基金经理。不过，在股票历史上，还真有这么一种投资方法，号称“渔翁撒网法”，多买一些股票品种，总能蒙到几个涨势喜人的。著名的大师彼得·林奇还真用这种方法投资过所谓新兴市场股票，不过，普通人和大师毕竟有区别——大师构建的是投资组合，而且投资期限一样长。这样，在结束投资时，少数几个长线大牛创造的超额收益，在填补了大多数平庸个股的亏损后，还能形成正收益。而一般人用“渔翁撒网法”是十只股票里面有八只在冬眠，两只小有斩获就立马兑现，并换成其他个股，最后的结果就是手里拿的全部是“死蟹子”。普通人为什么学不来基金经理？一个是资金规模有限，一个是长期的持有大部分出于被迫。妄图“乱拳打死老师傅”的人，虽然避免了一旦押在一只股票上造成巨大的机会成本，却把自己的账户搞成了“百货公司”，在牛市里，有比较强的市场广泛性时还凑合，可到了熊市大多数股票下跌时，品种的多样性就无法改善收益了。一般情况下，越是新手，越是业余，越容易玩这一手。

托宾Q理论

托宾Q是经济学家托宾于1969年提出的一个著名的系数，即“托宾Q”系数（也称托宾Q比率）。托宾Q比率是公司市场价值对其资产重置成本的比率，反映的是一个企业两种不同价值估计的比值。分子上的价值是金融市场上所说的公司值多少钱，分母中的价值是企业的“基本价值”，即重置成本。公司的金融市场价值包括公司股票的市值和债务资本的市值。重置成本是指今天要用多少钱才能买下所有上市公司的资产，也就是说，如果我们不得不从零开始再来一遍，创建该公司需要花费多少钱。在西方国家，托宾Q比率多在0.5到0.6之间波动。因此，许多希望扩张生产能力的企业会发现，通过收购其他企业来获得额外生产能力的成本比自己从头做起的成本要低得多。

这一比例兼有理论和实践的可操作性，沟通了虚拟经济和实体经济，在货币政策等方面有着重要的应用。在货币政策中的应用主要表现为将资本市场与实体经济联系起来，揭示了货币经由资本市场而作用于投资的一种可能。我们可以把托宾Q理论理解为格兰姆估值理论的延伸，为产业资本介入资本市场提供了操作标准。但我们需要注意两个问题：一是托宾Q理论仅适用于成熟市场，新兴市场由于供应有限，基本不存在其应用环境。二是托宾Q理论给我们提供了一个抄底思路，由于产业资本选择权的存在，资本市场作为一个整体并不会彻底崩溃，有的只会是荣枯循环和个体的兴衰生灭。

街头智慧

很多投资大师在教导我们时会说，炒股其实很简单，只需街头智慧。那什么叫街头智慧呢？笔者之前很多年没搞明白，后来才发现，街头智慧就是看得懂红绿灯。红灯停，绿灯行，交通规则嘛，大家都懂。但是为什么还是有人乱穿马路，乱闯红灯？因为街头智慧的缺失。炒股只需街头智慧，意思是，炒股没有某些局外人想象中那样复杂，那样高难，红灯知道停，绿灯知道行，炒股就能赚到钱。闯红灯的心态是什么呢？明知这是红灯，但是我觉得自己不含糊，我可以超越规则，或者我只考虑自己的感受，妄图推翻规则。街头智慧，归根结底，就是遵从规则，敬畏市场。

也许有喜欢抬杠的朋友会问，那色盲怎么办呢？这是个非常好的问题，因为笔者身边还真有朋友和亲人是这样的，我向他们讨教过这个问题，他们说，不辨颜色这个问题对他们没啥影响，不影响开车。因为红绿灯是按从上到下的顺序排列的，最下面是绿灯，中间是黄灯，上面是红灯。他们是按亮灯位置来判断红绿灯的。这应该也是街头智慧的组成部分，完全可以应用在市场上，简单类比，低位就是绿灯，高位就是红灯，黄灯是中间位置。

在接触了缠论之后，笔者对街头智慧有了进一步的认识，因为缠论操作的核心要旨就是“买点买，卖点卖”。这一点与红灯停、绿灯行的规则恰好是吻合的，似乎说明街头智慧并非看起来那样简单。纪律，对于自由散漫的人来说很难做到，但它是部队从胜利走向胜利的有力保证。所谓风险，即不确定性。行为缺乏约束，行为的结果就会充满不确定性。具备街头智慧是化解风险的简便易行的方法。

丛林法则

丛林法则是自然界生物学方面适者生存、弱肉强食的规律法则。丛林法则告诉人们：大到国家间、政权间的竞争，小到企业间、人与人之间的竞争，都要遵循丛林法则，至于竞争结果，那就看各自的实力、智慧、手段和改造或适应世界的能力了。丛林法则主要包括三个方面：一是物竞天择，适者生存。不能适应环境，就只能被环境淘汰。二是同类竞争，强者共赢。三是强弱是可以逆转的，所以要时刻有危机意识。在笔者看来，股票市场就是典型的金融丛林，因此丛林法则在股票市场里非常适用。在丛林里面，各种毒蛇猛兽都有自己的领地，并盘踞在食物链的最顶端。在股票市场里面，大型的机构投资者实现的利润，需要通过与其他市场参与者交易来实现。认清残酷的现实，摆正自己的位置，是保证安全的前提。认识了丛林法则，就能够理解为什么小白兔背上了猎枪也不能成为亨特了。

木兰诗的提示

南北朝时期著名的《木兰诗》结尾处写道：“雄兔脚扑朔，雌兔眼迷离；双兔傍地走，安能辨我是雄雌？”

这种情况放在股市上也是成立的，涨停和涨停之间，这种股票的强弱，如同双兔的雄和雌，并不容易区分。例如，在某一天同样涨停的两只股票，后续表现完全一样的概率也不大。那么我们应该如何选择呢？答案是看起涨前的蓄势阶段。不在奔跑阶段，处于相对安静状态的兔子，雄兔的腿不安分，动来动去，而雌兔容易打瞌睡，习惯动作完全不同，比较容易区分。股票如果底部做得扎实，换手充分，相对来说升幅较为可观。吸筹不足，仓促应战的股票即便被热钱推动涨停，后市也往往难以为继。

箩筐套鸟就是市场本质

中国股市早期的操盘手花荣，曾用箩筐套鸟的故事来阐述股市道理。他说，童年"扣鸟"是他玩过的最有成就感的游戏，那等待的过程，既迷人又磨人。支好了箩筐，拴好了绳，撒上谷物，就悄悄地躲避起来。等到麻雀出现，靠近箩筐时，心便提到了嗓子眼儿，该下手时没下手，就别提多后悔；下了手时鸟儿偏偏飞走更别提多难受。总之，捶胸顿足的时候多，心满意足的时候少。

但是他们村里有一个人精于捕鸟之道，非常懂得小鸟的心理。那个人很少在只有一两只鸟来吃米的时候就拉绳"扣鸟"，总是等鸟足够多了才拉绳，也不会等太久，否则米就被吃光了（要用最小的成本）。鸟少的时候，他总是弄出点儿响动，吓唬一下，但并不抓捕（洗盘动作）。鸟儿受惊吓就跑掉了，但看看没啥危险，又回来吃。他就再次骚扰，多次以后，鸟儿习以为常，箩筐底下有一大群鸟儿，他就果断拉绳，全数扣住。

股市中的主力就是这样，操盘时频繁洗盘，但不是真跌，等散户习惯了，麻木了，敢满仓了，他就真拉绳子了。在股市中散户永远是被主力诱捕的鸟儿，逃不出主力的"如来神掌"。那要是有学精学乖的鸟儿怎么办？不要替主力担心，市场里每天都有"小鲜肉"开户进来，"老鸟"逮不到，"菜鸟"有的是。

从另一个角度来看，我们理解市场主力的策划后便会发现市场主力的招数——《道德经》里面所讲的“将欲取之，必固与之”。媒体曾经披露了一起诈骗团伙的案件，在案发时，团伙刚刚开始诈骗一个月，结果倒赔了5万多元，很多人引为笑谈，认为这个诈骗团伙手段好低劣，没骗到钱反而倒赔钱。其实这是没有理解骗子的手段，骗子被抓时机过早，造成了他们偷鸡不成蚀把米的结果。因为前面做铺垫时，要撒出米粒，这时看起来骗子在赔钱，而假以时日，通过这种方法骗取了用户的信任之后，他们便有机会获取大的收益，著名的庞氏骗局就是这种招数的典型代表。而在股市里主力想把散户一网打尽，运作模式也无出其右，俗话说，贪小便宜吃大亏，我们既然知道了鱼饵里面必然藏着鱼钩，那在市场中的策略，就应该反其道而行之。

钓鱼模式——打窝子

打窝子是指在钓鱼过程中，在某处水域投放饵料，用来集中鱼群，方便垂钓。由于鱼的种类、习性、摄食习惯、栖息位置等并不相同，所以打窝子没有一种固定的模式，需要钓者根据具体情况随机应变。打窝子的目的是诱鱼，在钓鱼的过程中，制造窝子最为重要，窝子有鱼才能钓到鱼。

股市里主力和散户博弈，谁是渔夫，谁是鱼，这一点要弄清楚。鱼吃到了饵料，是不是鱼的成功？渔夫撒出去的饵，是不是直接就能让鱼上钩？生活经验完全可以应用在市场交易上。

哥俩抢银行的故事

哥俩抢银行的故事是笔者杜撰的，是在某一天看了《中国刑侦大案纪实》中悍匪白宝山的经历后突发奇想构思出来的。所以笔者经常会问那些前来讨教行情的人一个问题：假如有两个哥们儿，一起策划了一起银行抢劫案，顺利得手后摆脱了警察的追踪，到了一个安全的地方。这时候接下来应该干什么？收到的答案，目前百分之百是分钱。这当然说明了我们绝大多数人是心地善良的好人。但是好人怎么会去作奸犯科呢，对不对？如果看过《鹿鼎记》中韦小宝与冯锡范的表现，就知道坏人之所以被定义为坏人，是因为他要自己的利益最大化，而不会在乎是否会损害别人的利益。这个别人，不只是站在对立面的人，也包括自己的同伙儿，俩人分钱，一人一半；一人分钱，自己全得。这题的答案是火并。所以不要以为自己在股票市场里和主力做同一个方向就是安全的，供应就那么多，如果你挤占了主力的份额，主力第一个想消灭的就是和自己一块儿做多的散户。明白了这一点，就会知道为什么寻宝图设计运作框架（见下文实操篇）的时候，建仓之后是洗盘了。

股谚：多头不死，跌势不止

“多头不死，跌势不止”是股市交易过程中流传下来的一句市场谚语。讲的是，下跌市况或者熊市环境中，看涨的投资者，随着市场不断下跌，不断进入市场买进抄底，但卖出的市场力量更为强大。这就造成一种市场现象，看涨的投资者每次买进后，市场很快又恢复下跌，于是买进者悉数被套。这种情形反复多次后，基于市场恐惧心理，随着市场进一步下跌，买进者会越来越少。当市场真的跌到底部时，此时由于恐惧心理充斥整个市场，投资者再也不敢买入，于是市场出现了反转。

简单地说，只要有人敢买，就不是底。只有到多头都不敢买了，才到了真正的底！

“街头溅血”，伺机买进

史上成功的基金经理之一约翰·邓普顿曾说，“街头溅血”是买入的最佳时机。因为很多投资者关注的是股票的长期价值，而短期的调整，则赋予了更低的买入价格。“聪明钱”是怎样抓住买入时机的？“街头溅血”是一个标志性的事件，最典型的就是其类似战争，是否发生并不容易在事前预测。真正打起来时，普通投资者的第一想法就是避险，这一点几乎亘古不变。原本打算代代相传的长期投资，因为基本面的突发变化，导致“挥泪大甩卖”。在国外市场上，有一类投资机构被称作兀鹫投资者，特别喜欢投资那些被重大利空袭击后的公司股票。从理论上看，这种投资是可行的，因为价格围绕价值波动，有高估的时候，就会有低估出现，基本面恶化之时，低估出现的概率会很大。同时，我们需要注意的是，当“街头溅血”这个信号出现的时候，买进并不是立即发生的，伺机而动而不是马上闭眼买进，才是成功的关键。

选美

“选美理论”是约翰·梅纳德·凯恩斯（John Maynard Keynes）在研究不确定性时提出的，他总结自己在金融市场的投资诀窍时，以形象化的语言描述了他的投资理论，那就是金融投资如同选美。在有众多美女参加的选美比赛中，如果你猜中了谁能够获得冠军，那你就可以得到大奖。这时你应该怎么猜？凯恩斯先生告诉你，别猜你认为最漂亮的美女能够拿冠军，而应该猜大家会选哪个美女做冠军。即便那个女孩你觉得丑，只要大家都投她的票，你就应该选她而不是选那个长得像你梦中情人的美女。这个诀窍就是要猜准大家的选美倾向和投票行为。再回到金融市场投资问题上，无论是炒股票、炒期货，还是买基金、买债券，不要去买自己认为能够赚钱的金融品种，而是要买大家普遍认为能够赚钱的品种，哪怕那个品种根本不值钱，这和猜中选美冠军就能够得奖是一样的道理。

博傻

凯恩斯的博傻理论（Greater Fool Theory），是指在资本市场中，人们之所以完全不管某个东西的真实价值而愿意花高价购买，是因为他们预期会有一个更大的笨蛋花更高的价格从他们那儿把它买走。博傻理论告诉人们的最重要的一个道理是，在这个世界上，傻不可怕，可怕的是做最后一个傻子。博傻策略通常是在高价位买进股票，等行情上涨到有利可图时迅速卖出，这种操作策略通常被市场称为傻瓜赢傻瓜，其只在股市处于上升行情中适用。从理论上讲，博傻也有其合理的一面，博傻策略是高价之上还有高价，低价之下还有低价，其游戏规则就像接力棒，只要不是接最后一棒都有利可图，做多者有利润可赚，做空者能减少损失，只有接到最后一棒者才是倒霉之人。

博傻行为可分成两类：一类是感性博傻，一类是理性博傻。前者在行动时并不知道自己已经进入一场博傻游戏，也不清楚游戏的规则和必然结局。而后者清楚地知道博傻游戏及相关规则，只是相信当前状况下还有更多更傻的投资者即将介入，因此才投入少量的资金赌一把。

猴子投飞镖

1973年，《漫步华尔街》的作者马尔基尔记录了一个著名实验：将一只猴子蒙上双眼后让它向报纸的金融版掷飞镖而选中的投资组合，与那些专家小心谨慎选择的投资组合相比，盈利性一样好。

笔者经常提出的灵魂拷问：你想达到什么目的？我的这个“本家”做的这个实验，如果只做了一次，就证明专家等于猴子，是不是太不严谨了？或者说他只是为了说明，随随便便构建的投资组合与费尽心思构建的投资组合绩效相同，后者可能性偏大一点儿，因为他起的书名就是这个意思。其实我们换一个方式来考虑这个问题就比较容易理解了，千千万万的散户，每个人都构建了一个不同的投资组合，这些投资组合，是不是都和所谓专家构建的投资组合绩效相同？在这个问题上最重要的点不是猴子，而是猴子的定义。

随机漫步就是瞎溜达

随机漫步（Random Walk），也称随机行走、随机游走等，是指基于过去的表现，无法预测将来的发展步骤和方向。核心概念是指任何无规则行走者所带的守恒量都各自对应着一个扩散运输定律，接近布朗运动，是布朗运动理想的数学状态。不过，无规则行走只是布朗运动的理想状态。在很多系统中都存在不同类型的无规则行走，它们具有相似的结构。单个的随机事件我们不可预测，但随机大量的群体行为是精确可知的，这就是概率世界的魅力，在偶然中隐含着必然。随机性造成了低尺度下的差异性，但在高尺度下又表现为共同特征的相似性。按照概率的观点，“宇宙即是所有随机事件概率的总和”。

股票市场由无数的亚单元即投资者构成。每个投资者都为个人经验、感情和不完全信息所左右，其决策立足于其他投资的决策以及汇总的信息中的随机事件，在经济学上研究这样的决策叫作博弈论（Game Theory）。当然，单个投资者的行为不可预测，但从长期来看，股票价格在做某种带漂移的无规则行走。驱动它行走的包括投资者的突发奇想、自然灾难、公司倒闭以及其他不可预知的新闻事件。

由以上对随机漫步理论的简单描述可知，该理论试图通过物理模式对股票及金融市场进行解析，应该说，这种思维模式可以在很多场合很好地解释市场运行的状态，但我们应该注意到仍然存在很多通过物理与数学模型无法解决的问题，究其原因，主要是物理世界中的物体没有情感因素，或者说，观察者无从感知物体的思维与情绪，因此将其定义为随机。同时我们发现，随机漫步理论给自己打上了补丁，即所谓“随机大量的群体行为是精确可知的”。大量如何定义？要不要说一下解释权归物理学家？只是为时已晚，因为笔者初入市时接触的第一个关于股票市场的理论就是随机漫步理论，如果对于市场的理解陷入不可知论，剩下的只能是被人牵着鼻子走。因此从这种意义上说，随机漫步理论就是大毒草，拨无因果，对应立场方向的理论就是行为金融学。

不要和股票谈恋爱

“选择性扭曲”在生活中很普遍。仅以恋爱结婚为例，恋爱中的人很容易表现得“先入为主”，即所谓“情人眼里出西施”“丈母娘看女婿——越看越喜欢”，这些是典型的“选择性扭曲”。而等到结婚之后，人们又会倾向于将对方的某一缺点放大，之前的优点不见了，问题便产生了。在各种影响市场走势的因素中，我们听取有利于自己的消息，而忽略其他不利于自己的消息。

虽制订过自己的投资计划，可面对疯狂上涨的股价，以及一夜暴富的“期待”，很快便忘记了自己出售股票的计划，不再注意股票的技术面乃至基本面。在投资的过程中，投资者也很容易犯“熟悉度偏误”的错误。心理学家发现，人们喜欢熟悉的事物，对新鲜或模糊的事物则有所保留，这可能导致投资组合过度集中，风险增加。

与股票谈恋爱不能和长期投资混为一谈。张雪峰在谈到上大学选专业的时候，曾数次提到一句话“你觉得好就是好”。我们说不要与股票谈恋爱，说的是在股票市场里不要跟着感觉走，或者捡到篮里都是菜。在这种情况下，长期投资被作为一种借口和托词，来掩盖自己投资目标选择上的失误。我们用一个不太恰当的比喻来形容就是，长期投资是跟股票结婚，而不是跟股票谈恋爱。

华尔街没有免费午餐

在1987年的美国大片《华尔街》中，迈克尔·道格拉斯扮演的金融大亨盖柯（Gekko）有句经典台词："午餐是为窝囊废准备的！"（Lunch is for wimps!）这句话的由来是在美国金融市场上流行的一句谚语——"华尔街没有免费午餐"。这是为什么呢？其实这也是一个探讨市场本质的问题，免费午餐看起来是不用花钱的，但它会让你在其他方面花费更多。在拉斯维加斯，据说赌客的手笔达到一定规模，吃住甚至机票都可以报销，大概就是这个逻辑。但华尔街是什么地方？全世界的精英都集中在这儿，是挣大钱的地方，给你一顿免费午餐，你就奔着这顿免费午餐来，妥妥地羊入虎口，兔子敲门——送肉来了。在股票市场上，从来没有白占的便宜。换成中国的老话，就是"贪小便宜吃大亏"。

多杀多

一般来说，在股票市场上，如果做多头的人多，那么买方力量较强，股市会发生求大于供的现象，股价将会大幅上涨，多头这时就会获利；若市场上做空头的人多，卖方力量就会较大，这时市场上就会发生供大于求的现象，股价将会下跌，空头就会获益。但是在股市中，股价的上下波动受许多因素的影响，如政治因素、财政因素、货币利率因素等，尤其是股价的日常波动毫无规律可循。所以短期投机交易者在股市中抢帽子，无疑带有很大的冒险性，一旦出现不可预测因素使股价与普通预期的变化方向不一致，就会出现多杀多，空杀空。对于做多头者，其预期股票将大幅上涨，做多头者向证券经纪商以交纳保证金的方式融资买进股票，只待股价上涨到某一价位时再卖出获得差价收益，但是由于股价受到某些因素的影响并没有大幅上涨，临近股市交易结束时做多头者只好纷纷抛出股票以还清经纪商所融资金，这时做空者增多，股价会大幅下跌，出现多杀多。在股价下跌的最后阶段，做空的人是在高位开仓，下跌后段的抛盘显然不属于空方，而是前期做多亏损的阵营中不断有人止损出局，形成多杀多的局面。

死猫反弹

只要跌得足够狠，死猫都会反弹。所谓死猫反弹，指的是在熊市中，经历了快速下跌之后，市场中一种短期、快速的反弹。这种反弹在古今中外的投资市场上多次上演。死猫反弹常常会让一些缺乏市场经验的投资者误以为市场反转已经到来，匆匆入市，结果是被套牢。

这种反弹意味着，之后市场仍会继续下跌。当然，这种反弹对于市场参与者来说，并不见得是件坏事，这完全取决于投资者的预期。特别是对于那些喜欢短线的交易型投资者，这种反弹意味着熊市中绝佳的盈利机会。当然，获利的前提是具备足够的交易能力。但对于长线投资者而言，这种反弹则是鸡肋。不过，在笔者看来，死猫反弹不仅提供了一个昙花一现的短线机会，更有价值的地方在于，其属于主力机构的火力侦察，也就意味着，当前股价已经跌入了合理区间，其后非常有可能进入吸筹阶段，大幅下跌段落已经完成。

巨量的奥秘——大鳄入水

在股票市场中流传着一句话——什么都可以骗人，唯独量骗不了人。很多人不理解，说量也能骗人，比如主力可以对倒堆量，虚增交易结果，这不也是骗人吗？这里面所说的量骗不了人，可以用《楞严经》中“譬如穷人妄号帝王，自取诛灭”这句话来解释。意思是说，如果没有主力，或者没有有实力的主力，是无法放出大的成交量的。一万的资金量和一亿的资金量，对市场的影响不可同日而语。因此我们可以通过成交水平，如换手率、成交金额等，简单地判断一只股票中有无主力，以及主力实力如何。如果一只股票没有能力创历史天量，那么走出大牛行情的概率通常不大，我们应该把精力放在研究那些出现过巨量换手的股票上面。行家有一个形象的比喻，大鳄入水时，激起的浪花比较大，我们可以把成交量看成入水的浪花。

但是在这里也要提醒大家一个问题，就是巨量代表的高换手，从理论上讲，是存在两种可能性的，一个是主力吸筹，一个是主力派发，而不能一见到巨量就直接认定为主力吸筹。特别是有一种主力低位派发的手法，非常具有迷惑性。因此，我们可以把巨量视为一种必要条件。

市场先生

本杰明·格雷厄姆被称为证券分析之父，其所编著的寓言故事——“市场先生”对几代人的投资行为产生了深远的影响。世界著名投资大师沃伦·巴菲特说：“为了使自己的情绪与股票市场隔离开来，总是将‘市场先生’这则寓言故事谨记在心。”

本杰明·格雷厄姆的寓言故事“市场先生”说的是：“设想你在与一个叫市场先生的人进行股票交易，每天他一定会提出一个他乐意购买你的股票或将他的股票卖给你的价格。市场先生的情绪很不稳定，在有些日子他很快活，只看到眼前美好的事物，这时他就会报出很高的价格；其他日子，市场先生却相当懊丧只看到眼前的困难，报出的价格很低。另外，市场先生还有一个可爱的特点，他不介意被人冷落，如果市场先生所说的话被人忽略了，他明天还会回来并提出他的新报价。市场先生对我们有用的是他口袋中的报价，而不是他的智慧，如果市场先生看起来不太正常，你就可以忽视他或者利用他这个弱点。但是如果你完全被他控制，后果将不堪设想。”

市场先生的故事告诉我们的是，市场总是在间歇性地发神经，我们需要做的就是在他发神经的时候，低价买入，高价卖出。

市场永远是对的·市场永远是错的

《股票作手回忆录》中，利弗莫尔的观点很明确：市场是不可战胜的，永远不要跟市场怄气。

交易者在交易时必须面对人性，既有他们自己的人性，也有对手的人性，因为这从整体上反映了他们所交易的市场。“市场永远是对的”可以让你了解多数交易者，发现最为有效的驾驭和引导人性的运作方式。“市场永远是对的”适合市场交易的新手，鼓励他们有一个良好的开端而不致陷入困境。如果你遵循这些原则，便可以避免很多别人经历过的交易陷阱。“市场永远是对的”也对那些有过交易经历，却没有达到预期成果的交易者大有帮助。唤醒你的大脑，考虑过去是怎样在运作，什么将要再次运作，从而强化你的交易纪律，或者发现并改正你上一次在思考交易时就认识到的不良习惯。

有“商品大王”之称的吉姆·罗杰斯（Jim Rogers）有句名言：市场永远是错的。必须独立思考，必须抛开羊群心理。

由于市场不可能完全理性，也就意味着市场永远是错的，总有股票被高估或者低估。这个时候，就有赚钱的机会。买入被低估的股票，卖出被高估的股票，从中赚取价差。

让猫吃辣椒的故事

猫是一种聪明的动物，一般不会吃辣椒。一次，三个人聊起如何让猫自愿主动吃辣椒的问题。第一个人说，这很简单，把猫绑起来，直接把辣椒塞进猫嘴里；但这个方法简单粗暴，应该让猫自觉自愿。第二个人说，把辣椒包在肉里面，给猫喂下去；这属于采取欺骗手段，也不算自觉自愿。那应该怎么办呢？第三个人说，把辣椒塞到猫的屁股里，猫辣到受不了，就会自己把辣椒舔出来吃掉，甚至它还会为此觉得兴奋。

在股票市场里，主力怎样让散户作出主力希望散户作出的投资决策呢？答案是相似的。强制是不可能的，这是个公开的市场，公平交易的市场。欺骗也是不能长久的，吃亏上当之后会长记性的。那么唯一可行的办法，就是先让其处于更糟糕的境地，然后才能接受不利的结果。例如，怎样让散户在相对较低的价格卖出股票？就是先把价格打到更低的水平，大比例浮亏深度套牢，然后再给解套的价格，散户就会乖乖就范了。

凡是不以出货为目的的下跌都是耍流氓

有句话叫“凡是不以结婚为目的的谈恋爱都是耍流氓”，有人说这是莎翁语录，但到底是谁说的，已经不重要了，重要的是说得非常有道理。同样的道理，放到股市上，笔者总结为：“凡是不以出货为目的的下跌都是耍流氓。”所谓洗盘震仓，这样做的目的是恐吓散户，让人不敢买或者赶紧卖。从流动性与对手盘这个角度就不难理解为什么把这种行为定义为耍流氓了。因为他们不是真的要卖出，真正的卖出大概是两种模式：一种是拉高吸引买盘，同时卖出，掩人耳目；一种是根据买盘量身定做抛盘规模，尽量不让别人发现潜在的大规模卖出。两种模式的共同点都是要掩盖出货意图，因此，拉开架势，营造氛围，目标是打压价格，而不是派发，带动中小投资者出逃，这不是要流氓又是什么呢？

武松打虎·手电筒光柱·做股票就是做梦

相声大师侯宝林先生有些段子，成为经典中的经典，有一些是可以用来指导股票操作实践的。也许这就是一理通百理通的案例。我们可以找几个典型案例来证明一下。

武松打虎

侯宝林大师有个段子讲的是上演京剧《武松打虎》的时候，一次扮演老虎的演员喝醉了酒上台，当扮演武松的演员三拳两脚将老虎打倒在地，转身准备开始唱词时，发现那个倒在地上的老虎晃晃悠悠地起来了，没办法只好重新来一遍，三拳两脚把老虎打倒在地，然后又转身准备开始唱词，发现老虎又一次晃晃悠悠地起来了，如此反复多次。笔者是小时候从收音机里听到这个相声段子的，后来进入股票市场，发现大师的确是大师，他描述的这段儿武松打虎的经历，跟主力建仓手法如出一辙。一般来说，主力建仓过程中的股价表现就是慢涨快跌，而主力出货过程中的股价表现是快涨慢跌。因此我们如果发现股价磨磨蹭蹭地缓慢攀升，那当它累积了一定涨幅后，会快速打压回落至低位，然后再度重复之前的缓慢攀升，这就基本可以确认为主力建仓表现。这个过程基本上找到的就是那种三拳两脚被打倒在地，然后再晃晃悠悠地起来的感觉。其实不仅仅在侯宝林大师的相声经典里能够找到股票市场相关的表述，赵丽蓉老师的小品《妈妈的今天》里，也有类似的说法，比如，“三步一蹿，两回头，五步一下腰，六步一招手，然后你再蹚啊蹚着走”。我们会发现，主力建仓区间内，大概每隔三五天确实就会发生短暂的震仓。震仓洗盘结束之后，股价才会进入拉升段落。这也恰恰证明了艺术来源于生活，并高于生活，或者说“他山之石，可以攻玉”。

手电筒光柱

在侯宝林大师的相声小段《醉酒》中讲到两个醉鬼聊天的情节，其中一个醉鬼拿出一个手电筒，按亮开关以后，对另一个醉鬼说，你，顺着这个柱子爬上去。另一个醉鬼回答说，我才不爬，我爬到一半儿，你一关电门，我掉下来了。我们在股票市场里看到的场景是，主力营造大阳线、大阴线，如同手电筒打出的光柱，而投资大众往往顺着大阳线看涨，或者顺着大阴线看跌，就像醉鬼在顺着手电筒光柱往上爬一样，在这一点上，市场参与者甚至还不如第二个醉鬼机灵。结果是主力关上电门之后，散户掉了一地。有时候我们会觉得，其实市场主力在通过K线图进行PUA，当投资大众看到大阳线放量上涨时，几乎会默认接下来必然上涨，看到大阴线放量下跌就默认接下来必然下跌。但这真的是必然的结果吗？或者说，大概率会是这个结果吗？其实未必，但氛围烘托到这儿了，投资大众已经开始自行脑补后面的走势了。想到这些，就感觉大师们所讲的段子确实极富哲理。

做股票就是做梦

侯宝林大师还有一个相声《猜字》，里面有个谜面说的是“一个人能做，俩人不能做，大伙儿全能做，不能瞧着做”，相声里面给出的谜底是做梦，但笔者发现，其实做股票也一样，一个人能做，俩人不能做，大伙儿全能做。其中最关键的问题是，不能一起合做。我们可以做一个假设，每个人作出正确判断的概率为50%，则一个人做判断时，正确的概率就是50%，但如果两个人共同做判断时，同时正确的概率却是降低的，结果是25%的正确率。加入一个人的判断后，正确率反而下降一半。而且加入更多的人之后，正确率必然是逐步走低。管理学上曾经有一句话叫群体是不做决策的，估计和这个问题有很大的关联。可惜人是一种社会性的动物，绝大多数人有很强的群体意识，抱团取暖是常态，每个人经常不自觉地寻求共识，这个过程有点儿像“壮胆儿”。特立独行是一种稀缺的品质，我们看动物世界的时候会发现，处于食物链顶端充当猎手角色的猛兽，常常是独来独往的，而处于食物链底端的牛羊等被猎取的角色，基本上是群居。

有人辞官归故里，有人星夜赶科场

这话出自吴敬梓的《儒林外史》。原文说的是："有人辞官归故里，有人星夜赶科场。少年不知愁滋味，老来方知行路难。"在同样的背景下，并不是所有人都会作出相同的决定，还有更多个体化的因素在制约着决策的过程。特别是在股票市场上，我们经常简单地认为在利好或者利空消息出台的时候，所有市场参与者的想法，与自己应该是同向的。而这仅仅是一种美好的愿望。当一轮涨势结束后，低价介入的投资者，目标是兑现利润，即告老还乡；而踏空的投资者，名落孙山，在追悔不已的同时，鼓起勇气，奋发图强，想要抓住机会东山再起。心态完全不一样，输红眼的赌徒心理都是急于翻本儿，认赔那是万万不能的。如果说所有人的决策完全一致，那结果就是市场不会存在了，因为买卖双方就只剩下单边。我们必须记住这一点，才能保证我们既不会被胜利冲昏头脑，又不会被恐惧支配大脑。

炒股最怕好再来·试点成功

我们会看到有些小饭店的招牌叫"好再来"，那意思是说，要是您吃了觉得好吃，那就欢迎再次光临。其实很多人炒股的思路基本上差不多，买了一只股票赚到了，然后加码买进，结果经常不尽如人意。有句话叫作真理再向前走一步就是谬误。大多数市场环境，都是震荡市，因此通过把握一个好的买点实现盈利之后，这时的价格必然已经出现了一定升幅，如果不是恰好在牛市阶段，走势总是三步一回头，五步一招手，反反复复地上下，则继续加码买进的潜在风险无疑是增大的。与此相似，还有一个做法叫试点成功，比如，我们学习了一个投资策略，找到一个案例来尝试一下，看看是否有效，这与好再来是完全不同的，我们需要注意区别。

概率是群体不是个体

有一个故事，说的是如果一个人有两个选择：第一个是直接可以拿走10元；第二个是再次做选择，要么什么也得不到，要么可以得到100元。问，应该怎么选？专家给出的答案是，应该做再次选择，因为从概率角度看，再次选择相当于得到50元。

我们不能说专家一定是错误的，但是在这个问题上，如果不懂得概率的前提条件，所作出的选择一定是不同的。概率是一个统计学概念，建立在群体的基础上。而我们每一个人，都是独立的个体，当我们自己进行选择的时候，是不存在概率的，只有两个结果。例如，交通安全中遇到车祸的概率是一个百分数，但一辆在路上行驶的汽车，它遇到车祸的概率只能是两种结果，要么是0，要么是100%。因此，从概率角度上看，我们之前讲的这个故事，作再次选择并非唯一的标准答案。在资本市场中，我们会看到，不同的人会给出不同的选择：风险厌恶者，会毫不犹豫地选择第一个选择，而风险爱好者必然会倾向第二个选择。

我们的看法是，仅就解决这个问题，我们给出的答案是，如果属于个体选择，我们应该选择第一个，因为双鸟在林不如一鸟在手。但如果我们作为一致行动人，可以均分获得，那么选择第二个可能获得更大收益，当然，一旦我们选择第二个，确保我们能够获得更多收益的前置条件仍然存在，特别是群体中个体数量越少，概率结果的偏离度越大；个体数量越多，结果越接近计算得出的概率。

但是我们研究这个问题，并不是为了玩数字游戏，而是为了指导我们在资本市场中的决策行为。在资本市场中，从实操角度，我们必须选择第一个，而仅从研究角度，我们可以展开第二个方面的联想。换一种思路，大资金重视的是风险控制，因此第一个是不二选择，而小资金讲究的是以小博大，往往会倾向于第二个。

幸福的家庭是相似的

“幸福的家庭都是相似的，不幸的家庭各有各的不幸。”这句话是托尔斯泰的小说《安娜·卡列尼娜》的开篇语，在中国已荣登名言殿堂许久。我们在股票市场里说这句话，所表达的意思主要有两个方面：一是指多种不同的合理应用的投研方法，对某个品种或者某段走势得出的判断是相同或相近的。二是指某一种有效的研判规则，对不同品种不同的走势给出相同的买卖提示，收到的效果是相同或相近的。而如果是效果不确定的研判方法，给出的信号可能差别非常大。

七七事变日本的借口

七七事变，又称卢沟桥事变。1937年7月7日夜，卢沟桥的日本驻军在未通知中国地方当局的情况下，径自在中国驻军阵地附近举行所谓军事演习，并诡称有一名日军士兵失踪，要求进入北平西南的宛平县城（今卢沟桥镇）搜查，被中国驻军严词拒绝，日军随即向宛平城和卢沟桥发起了进攻。中国驻军第29军37师219团奋起还击，进行了顽强的抵抗。

在股票市场上，无论涨跌，都要有说得通的理由，要么是基本面有什么变化，要么是外围市场发生了什么变故，实在不行，就写小作文儿。没有过硬的理由，容易被定性为操纵市场。日军当年就属于已经懒得去想什么合乎情理的理由了，直接霸王硬上弓。这也说明了一个问题，就是理由和实际的动机可能没什么必然的联系。因此，市场参与者对理由这件事不要太过较真儿。

火车时刻表，知道晚多少

有一则笑话，说小镇火车站，火车从来不正点到达，每次都晚点。一位旅客生气地对站长说，你们挂的火车时刻表有什么用，火车都不按点儿来。站长回答说，如果没有时刻表，你就不知道这些火车到底晚点了多长时间。这虽然只是一则笑话，但也反映出了一些发人深省的道理。在股票市场上，技术指标其实一直为很多人所诟病，因为我们找不到一种方法，能够百分之百有效，如果存在一种百分之百有效的方法，这个方法最终会让股票市场崩溃。那么我们是否不需要任何方法来约束自己的交易行为呢？不能做到百分之百准确有效与不可知论是两回事，对比小镇火车站的列车时刻表，火车只是不能保证按时到达，并非到达时刻是随机分布的。尽管技术指标给出的信号既非充分条件，也非必要条件，但其发出的指示仍具有很强的参考意义。

行情就像那列晚点的列车，而投资者作出的预判则像那张不准确的列车到站时刻表。我们不要因为自己作出的预判不够准确，就放弃了研判而随波逐流。笔者认为，如果我们没有一个对行情的预判，就无从知晓自己的思维与实际的行情走势之间的差距有多大。不知道差距，也就没办法缩小差距，做到与走势同步也就无从说起了。

市场不知道你的成本在哪里

市场所不知道的事情：不知道你的成本价，不知道你加没加杠杆，不知道你的预期目标，也不知道你的承受能力，更不知道你现在是亏是赚。因此，这个市场不是成心要跟你作对，不是因为你卖了它就要涨，也不是因为你买了它就要跌。更进一步，它也不会因为你已经赚翻倍了就开始下跌，或者你的买价已经腰斩而转为上涨。全市场除了你，没有人知道或关心你的买入成本，因此你的成本高低、是否亏损对股票的未来走势没有丝毫影响。我们需要做的事情，是顺应市场走势，而不是让市场走势顺应我们。

在医院里穿白大褂的可能不是医生，也许就是个保洁

母亲是名医生，所以笔者小时候是在医院里长大的。那是个小县城的医院，所以会有很多农民朋友去看病，根据笔者的观察，也许是因为对白衣天使常怀敬畏之心，他们基本上把每一个身穿白大褂的人都尊称为大夫。其实医院里边的人，白大褂就是工作服，跟现在金融行业西装领带是标配差不多。不管是医生还是护士，抑或保洁阿姨，人人身穿一件白大褂。但是农民朋友分不清楚，想来见人就叫大夫便不会出错。其实这也许就是社会上一个常见的现象，同样的情况也会发生在金融行业，证券公司里、银行里，人人西装领带，谁知道哪个是基金经理，哪个是研究员呢，从头发的根数来鉴别恐怕也不太保准儿。穿白大褂的是不是就会看病？扎领带的是不是就会挣钱？如果这么想，会不会有点儿想当然了。

解说员还是教练？

投资顾问到底是一个什么角色？能起到什么样的作用呢？或者说，投资顾问与投资者之间是怎样的一种关系？不知道身处股市中的人们，是否认真思量过。在笔者看来，有两种职业也许可以与投资顾问作类比。一种是足球比赛解说员，另一种是足球教练。或者两者兼而有之，还可以把解说员作为投资顾问的初级阶段，把教练作为投资顾问的高级阶段。我们会发现，足球比赛的解说员解说起比赛来头头是道，但如果让他自己去射门，结果会怎么样，估计大伙儿也能猜个八九不离十。足球教练通常曾经在场上叱咤风云，现在自然把自己的经验传授给新人。投资顾问这个行当，跟医生有点儿相似，越老越吃香。白发渔樵江渚上，惯看秋月春风。没吃过猪肉，也见过猪

跑。经历本身就是一笔宝贵的财富。

野百合也有春天

这个标题本来是罗大佑所创作的一首歌的名字，放在这里，笔者想说的是，为人所忽视的股票或者板块不会永远销声匿迹，而是会在某一时刻爆发。就算是如同夕阳西下的没落企业，也可以通过重组并购、资产置换，变成人见人爱的香饽饽。有位投资大师曾经说，不要轻易卖空冷门股，因为鸡毛一夜就会飞上天。笔者提出过一个看法，如果每个人都有生存的权利，那么每只股票都有上涨的权利。如果只允许绩优股上涨，那绩差股也就没有什么存在的必要了，然而事实是，绩优股是因为有绩差股的存在和衬托才被贴上了绩优股的标签。绩优和绩差通常平分秋色。很多市场参与者认为，自己选中的股票才是世界上最好的股票，别的股票都是垃圾，如果每个人都这么想，那也就没有什么好坏之分了。所以千万不要以个人的好恶来区分股票，只要没到退市的地步，就有机会。

逐次添油战术

逐次添油战术，是指使用小股部队逐次攻击的方法，就像给油灯添油，一次不够再加点，还不够再加，但如果次次不够，最终可能会损兵折将，一败涂地。这实际上是一种试探性的攻击方法。一般情况下，指挥官不会主动采用逐次添油战术。而采用的原因，往往是初期对敌情掌握不足或错误判读战略态势，导致在第一波次的战斗中投入兵力不足无法获胜，又或遭遇敌人猛烈反击蒙受重大损失而难以撤离战场。由于急于达成战争目标，指挥官往往会在预备力量充分集结得到有效整合之前便将部队投入战场，进而导致与第一波次进攻相同的结果。但是在有防御阵地的防御战中，逐次添油战术也能发挥一定的作用。防御部队依靠有效的防御工事，在各个地段部分地投入兵力对敌方部队进行阻击和袭扰，以达成迟滞敌进攻、消耗敌有生力量和摧毁敌进攻意志的目的。

在投资活动中，到底应该是一把梭哈[①]，还是分批建仓逐次添油，众说纷纭。如果是高手，那当然是一把梭哈比较合适。但问题在于，绝大多数市场参与者的水平与高手有很大差距。因此逐次添油反而是解决建仓成本偏高的一种有效手段，投资者在小白阶段，出于优先保证资金安全的考虑，应该重点采用这种操作。

行情在绝望中产生，在犹豫中行进，在欢乐中结束

在波浪理论中，艾略特重点阐述了波浪的个性，并指出波浪个性是确定波浪行进发展阶段定性的重要标准和手段。实际上，在波浪理论之外的传统分析内容中，也有类似的阐述。行情主要的发展阶段就三个：发生、发展和结束。把握住这三个环节也就把握住了整个行情发展的脉络。而行情把握的关键就是市场参与者的普遍情绪状态，很多时候，无论看好看淡，都有充分的理由支撑，让人无所适从。这时，通过市场参与者的普遍情绪状态来确定行情走势发展阶段，就可以起到四两拨千斤的作用。底部总是绝望的，而顶部总是陶醉的，从无例外。当市场参与者美滋滋地开始数钱时，风险已经悄然降临。

利好出尽成利空，利空出尽成利好

对于利好消息和利空消息来说，常识告诉我们，利好消息应该买进，利空消息应该卖出。但在实操中，我们常常会发现，利好消息公布成了见顶信

① 网络流行词，原意来自扑克游戏“梭哈”，在魔兽世界中的意思为，清除所有分数以换取一件装备。

号，利空消息公布反倒成了买进良机。市场参与者被搞得丈二和尚摸不着头脑。对于这个问题，我们的看法是，利空还是利好，是一个仁者见仁、智者见智的事情，因此本身并不存在必然性。当然，某些事件是无可争议的利好或者利空，在这种情况下，我们需要考虑2001年度诺贝尔经济学奖获得者——三位美国经济学家（约瑟夫·斯蒂格利茨、乔治·阿克尔洛夫、迈克尔·斯彭斯）于20世纪70年代在“对充满不对称信息市场进行分析”领域所作的重要贡献。一个信息，或者一个事件，从来不可能是无差别地传递到每个个体。即便不属于内幕信息，信息传递也存在着若干层次。利好与利空的公布时点，相当于信息传递的边际层次，其产生的作用也传递到了接力比赛的最后一棒。这也就意味着该消息的影响力终结。此后，该信息或者该事件所起到的作用，已经涵盖在股价走势中，成为市场合力的组成部分。因此，从这个角度来理解的话，利好出尽成利空，利空出尽成利好才是股市的常态。

陀螺仪

陀螺仪是一种非常神奇的工具，航空、航海乃至航天，甚至是每一种运动如果需要保持平衡，都离不开它。其实我们在股海冲浪，也需要一种能够指引方向的工具，才不会迷航。那么为什么不是指南针？因为如果没有磁场，指南针就会失去作用。以笔者的理解，技术指标的用途，类似航行中的陀螺仪。股价所处位置的高与低，用什么来评判？不同的股票，不同的行情阶段，不同的市场，需要一种可以恒定地指引方向的指标——技术指标，也就是股市陀螺仪。

主歌与副歌

我们都知道，主歌和副歌是一首歌曲的两个基本的组成部分。主歌是主要部分，通常由多种音乐元素和复杂的旋律构成，出现在歌曲开头，相对较长，展示的是歌曲的主题和概念，铺陈主要的唱词内容，比如剧情演绎、情感表达、情绪抒发等。而副歌通常是最重要的部分，包含歌曲最为经典的旋律和歌词，在曲子中往往多次出现，形成歌曲的主旋律，比主歌结尾更为紧凑，一般以比较激烈的旋律和伴奏来表达歌曲重要的情感变化，演绎不同的情绪，激发听曲者的共鸣。

我们会发现，股票走势作为机构投资者行为艺术的外在体现，在很大程度上与音乐异曲同工。主歌与副歌这种结构划分，对理解股票走势可能会有一定帮助，下面我们通过对比主歌和副歌的区别，与股票走势进行对照：

（1）歌曲的重复度：主歌通常只出现一次，在乐曲的开头；而副歌会反复出现，用以构成乐曲的主旋律。

股票走势都是先有建仓，后面反复拉升，市场参与者往往只关心拉升段。

（2）旋律和伴奏：主歌的旋律，往往是抒情旋律；而副歌的旋律通常是比较简单的、容易记忆的、激昂的，还带有比较浓厚的伴奏。

股票的建仓阶段走势节奏比较舒缓，交投不活跃，波动幅度小；而拉升段节奏快，交投活跃，波动幅度大，关注度高，各种消息满天飞。

（3）歌曲长度：主歌通常比较长，结构错综复杂；而副歌长度与主歌相比更短，结构更加简练。

股票建仓阶段持续的时间比较长，所以有牛短熊长之说。走势表现为反复震荡，涨跌缺乏持续性。而拉升段比较迅猛，走势结构简单，大涨小回，一般不会维持很长时间。

（4）唱词：主歌歌词内容主题明确，描写整个故事梗概，而副歌在歌词结尾，会有重复的短语或句子，用词巧妙，画龙点睛让故事完整。

股票建仓走势就是一种酝酿行情的方式，题材与概念发酵，逐渐渗透深入人心，而拉升走势是通过上涨来让整个市场认同其炒作逻辑的过程。

（5）情感变化：主歌用来抒发情感，铺陈气氛，而副歌往往以激昂的旋律和伴奏表达情感变化，引发听曲者的共鸣，激发情绪，展现歌曲完整的内涵。

股票建仓走势中市场参与者的感受是理性的，或者说是平淡的，甚至在某种程度上偏向悲观，而在拉升过程中，价格迅猛攀升，市场参与者的情绪急剧升温，乐观自信，乃至亢奋，最后接近疯狂。

常态与变态

股票走势千变万化，并非无章可循，而常规也非一成不变，在某些情况下，走势会打破常规。不过，这并不是说常规有破有立，而变得令投资者难以捉摸，其实这个打破常规的地方，恰恰孕育着投资机会。这个投资机会的前提是我们需要确认股票走势的常态是什么，不符合常态即为变态，变态的原因必然是主力干预的结果。而主力干预必然有所图谋，我们结合其他分析手段，可以推知主力操作意图，进而参与获利。举例来说，某股在一个月左右的时间里，20%的震荡箱体中，连续三次走出放量长阴实体K线。一般来说，放量长阴实体是主动向下打压形成，连续出现，表明卖压沉重。但该股三次长阴的位置均处于箱体内部，且开盘价、收盘价、最高价、最低价持续抬高，而不是常规意义上的走低，给人的感觉特别像沈腾在电影中挑战武林高手时高呼“你过来呀”，而自己不断地后退。这就是一种典型的变态走势，我们看到该股在其后的一年时间内，股价翻番，证明这一变态走势实际上是一个潜在的投资机会。

如何看待下跌行情

炒股之人如何看待下跌行情，对于平衡持股心态来说非常重要。普通的市场参与者，在持股过程中遇到调整行情，普遍会感到焦虑甚至愤怒。但这正是市场主力想达到的目的，如果一个人处于负面情绪当中，是很难作出正确决策的。因此应对下跌中的不良情绪，是市场参与者非常重要的一门功课。笔者的建议是，我们需要练习把下跌过程理解为热点切换过程。每个上涨阶段都会有领涨热点板块，但在不同的上涨阶段，会出现不同的领涨热点板块，那么在两个相邻的上涨阶段中间会有一个下跌阶段作为走势的连接，这个下跌阶段的主要任务，就是通过这种调整，让市场热点转变切换。如果我们知道市场的热点总是在不断地转变切换，就应该知道调整走势是必然出现的，我们的内心就要避免出现对下跌行情的抵触情绪。在这个基础上，我们还可以更进一步，把下跌行情作为牛股的“试金石”。真正的强势，是在市场普遍下跌时的抗拒，要注意，如果在大盘下跌的市况下，个股出现强势拉升反而不属于强势，更可能是拉高派发。所以我们应该把注意力放在那种跌得慢、跌得少、不肯创出新低、成交缩减的个股上面。在大盘企稳后，这类个股通常会演绎强势行情。了解这一点后，我们不但不会抵触下跌行情，反而会珍惜这样的机会。大浪淘沙，唯有中流砥柱方显英雄本色。

如何看待上涨行情

很多市场参与者一看到行情上涨就喜上眉梢，这不能算是一种错误，但习惯性的反应，很有可能会被主力利用。如果想在市场中永久生存，首要的一点就是不能为境所转，见到上涨就高兴，见到下跌就生气，这时候的投资者，已经成了被走势控制的提线木偶。因此笔者的建议是，把上涨理解为主力的派发企图。我们并不是说，一旦上涨主力就立即派发，或者所有的上涨都是处于出货区间，而是想让投资者能够经常处于逆向思维的立场，才不至于深陷陶醉乃至亢奋情绪之中无法自拔，最后错过获利了结的大好时机。主力有没有拉高建仓的可能，一定有，但打压建仓是常态，拉高建仓对于主力来说风险相对较大。因为主力就是二道贩子，高来高走，他们可不想把股票压箱底，传给儿孙。散户最习惯的是跟风，“追涨杀跌”，上涨很可能招致跟进，主力想利用的正是这一点。理智面对上涨才是我们的期望。

久盘必跌与久盘必涨

在股市里流行的一些说法，有的明显存在矛盾，久盘必跌和久盘必涨就是一对儿典型的说法。听起来好像都有道理，但结果却是南辕北辙。那到底哪个是对的呢？笔者的看法是，都对。久盘的结果，既可能是涨，也可能是跌。要看盘局过程中市场参与者的情绪状态。如果在盘整阶段，市场情绪偏乐观，普遍看涨，那么久盘必跌的可能性就占了上风；如果在盘整阶段，市场情绪较为悲观，主流观点看淡，那么久盘必涨的概率就较大。

墨菲定律

1949年美国的一名工程师爱德华·墨菲（Edward A. Murphy）提出，如果有两种或两种以上的方式去做某件事情，而其中一种选择方式将导致灾难，则必定有人会作出这种选择。根本内容是：如果事情有变坏的可能性，不管这种可能性有多小，它总会发生。墨菲定律是一种心理学效应，亦称墨菲法则、墨菲定理等。

墨菲定律主要包括三个不可或缺的条件：

（1）任何事都没有表面看起来那么简单；

（2）所有的事都会比你预计的时间长；

（3）会出错的事总会出错。

墨菲定律的根本内容是“凡是可能出错的事有很大概率会出错”，指的是任何一个事件，只要具有大于零的概率，就不能够假设它不会发生。

在股票市场上，墨菲定律的应用显然较为广泛。在走势朝着你不希望看到的方向发展的时候，一定会出现你最不想看到的情况。我们可以把墨菲定律的三个条件按股市的方式重新编译：

（1）任何走势都没有表面看起来那么简单；

（2）所有的调整都会比你预计的时间长；

（3）会下跌的股票总会下跌。

程咬金的三板斧

程咬金是《说唐》《隋唐演义》等小说中赫赫有名的人物。众所周知，这个性格直爽、粗中有细的福将使用的兵器是一柄斧头。他三斧子定瓦岗的故事被后人津津乐道，“程咬金三板斧”更是成了挂在人们嘴边的俗话，被用来比喻做事起初只要声势大，用招绝，就会效果好。据说无论是《旧唐书》还是《新唐书》中的记载，程咬金使用的都是“马槊”，不是斧子。这也不重要，因为老百姓不懂啥是马槊，还是斧子更亲民一些。按评书的讲法，程咬金的三板斧分别是“切瓜”“剔牙”“掏耳朵”。唯一作为补充的就是用斧子柄“杵”。很多人觉得程咬金只会这寥寥几下，是不是有点儿浪得虚名。其实这属于一种误解。因为程咬金三板斧中，切瓜是从上面，自上而下；剔牙是从前面，自前而后；掏耳朵是从侧面，如果程咬金不是左撇子的话，估计是自右而左。在三维世界里，这三招已经涵盖了斧子招式全部的可能性。所以三招已经够用了，其他的都是在这三招基础上衍生出来的花活儿。

我们研究程咬金三板斧，当然不是对评书或者小说感兴趣，而是用这种例子来说明资本市场中的现象。在我们看来，市场主力基本上就可以看成程咬金，不是有一本书叫《炒股就这几招》嘛，对于主力来说，确实不需要太多技巧，主力拥有资金优势、信息优势、心理优势，对付散户就如程咬金三板斧砍瓜切菜一般。那么作为散户，知道了主力具备的优势条件，见招拆招，同样用不着想法太多。江恩说，阳光下没有新鲜事。其实每一轮行情都是同样的配方，同样的味道，先放葱花还是先放香菜，都能做煎饼馃子。

我们仔细分析就会发现，程咬金的三板斧几乎不需要更多，诸多变化都可以归结为这三式。那我们在股票市场里，需要掌握的原则，其实并不需要太多，类似程咬金三板斧这种模式的原理，还有道琼斯理论，后者之所以可以成为整个技术分析理论的基石，就在于其能够抽丝剥茧、化繁为简。我们可以看到，道琼斯理论把趋势分为上升趋势、横盘趋势和下降趋势。这三种趋势即全面覆盖了走势类型。可以理解为大道至简。

诺贝尔奖的启示

2001年瑞典皇家科学院宣布，三位美国经济学家——乔治·阿克尔洛夫、迈克尔·斯彭斯和约瑟夫·斯蒂格利茨由于在“对充满不对称信息市场进行分析”领域所作出的重要贡献，而分享了2001年诺贝尔经济学奖。这三名获奖者在20世纪70年代奠定了“对充满不对称信息市场进行分析”的理论基础。其中，阿克尔洛夫所作出的贡献在于阐述了这样一个市场现实，即卖方能向买方推销低质量商品等现象的存在是因为市场双方各自所掌握的信息不对称。斯彭斯的贡献在于揭示了人们应如何利用其所掌握的更多信息来谋取更大收益方面的有关理论。斯蒂格利茨则阐述了掌握信息较少的市场一方如何进行市场调整的有关理论。他们认为，阿克尔洛夫、斯彭斯和斯蒂格利茨的分析理论用途广泛，既适用于对传统的农业市场的分析研究，也适用于对现代金融市场的分析研究。同时，他们的理论还构成了现代信息经济的核心。

市场中信息不对称是一种常态，因此，诺贝尔奖获得者所作出的研究给予市场参与者非常重要的提示，一个信息的扩散过程，必然会以原子弹爆炸过程中的裂变方式传递。那么信息的获得就必然存在层级和次第，每一个市场参与者所处的位置有可能是不一样的，这也说明了为什么在股市中存在内幕消息。如果我们不具备改变信息扩散模式的能力，那么我们必须适应这种过程，或者说，对这种过程的存在事先进行心理适应。并且只有对自己所处的位置有所了解，才能够对自己所掌握的信息进行处理和判断。

常识篇

论点正确·论据正确·论证正确

上学的时候，大家都学过议论文的三要素——论点、论据和论证。老师教我们批驳对方观点有三种方法，即论点错误、论据错误、论证错误，任意一种都可以驳倒对方的观点。但是在股票市场上，我们会发现一个很有趣的现象，就是很多场合下，一方用于支撑一种观点的论据明显不够充分，论证逻辑驴唇不对马嘴，但最后我们发现这个观点是正确的。或者论据言之凿凿，论证缜密无破绽，结果是结论看法与市场南辕北辙。我们需要注意的是，论点正确才是关键，反之则可以一票否决，但也不要忽视那种三要素明显不匹配的观点。其实生活中也有类似的案例，比如，两个朋友闹掰了，其中一个人说，我绝对不是因为钱，那说明这两个朋友闹掰的真正原因就是钱。真相可能永远是被湮没的。

机会成本

机会成本不是一种真正的成本，假如你结婚了，除了你爱人的所有女孩都是机会成本。那种放弃了潜在无限种可能性的最高上限，是可以衡量让自己能后悔到什么程度的一种东西。请别人帮忙推荐股票，通常情况下，为了防止在一棵树上吊死，别人都会推荐2~3只股票给你，然后呢，你会用自己蹩脚的分析，优中选优，这时，你选中的那只股票之外的落选股票，就成了你这次投资的机会成本。不幸的是，一般人，几乎无一例外地会选中那只涨得最差的股票，所以机会成本就噌噌地提高。尽管其实也没有真正付出什么，但那种我本可以的心态，造就了一批“乱拳打死老师傅”的账户。

幸福来自比较，所以炒股的人几乎永远学不会让自己幸福，他们永远都满怀斗志地向竞争的圈里追，却都没有“待我回头看，还有挑脚汉”的闲情逸致，所以机会成本基本高高的。

基本分析与技术分析——称重器与投票机

基本分析（Fundamental Analysis）将企业内在价值作为主要研究对象，通过对决定企业价值和影响股票价格的宏观经济形势、行业发展前景、企业经营状况等进行详尽分析（一般经济学范式），以大概测算上市公司的长期投资价值和安全边际，并与当前的股票价格进行比较，形成相应的投资建议。基本分析认为股价波动轨迹不可能被准确预测，而只能在有足够安全边际的情况下"买入并长期持有"，在安全边际消失后卖出。

概括起来，基本分析主要包括以下三个方面的内容：

（1）宏观经济分析。研究经济政策（货币政策、财政政策、税收政策、产业政策等）、经济指标（国内生产总值、失业率、通胀率、利率、汇率等）对股票市场的影响。

（2）行业分析。分析产业前景、区域经济发展对上市公司的影响，即所谓中观分析。

（3）公司分析。具体包括公司基本情况分析、资本结构分析、盈利能力分析、偿债能力分析、运营能力分析、投资收益分析和经营管理能力分析，即所谓微观分析。

技术分析是指以市场行为为研究对象，以判断市场趋势并跟随趋势的周期性变化来进行股票及一切金融衍生品交易决策的方法的总和。技术分析的三大假设为：市场行为包容消化一切信息、价格以趋势方式波动、历史会重演。

自股票市场产生以来，人们就开始了对股票投资理论的探索，形成了多种多样的理论成果。实际上，技术分析是100多年前蒙昧时期创建的股票投资理论（Stock Investment Theory），是精明的投资者对股价变化进行长期观察并积累经验，逐步归纳总结出来的有关股市波动的若干所谓"规律"。经过长期发展和演变，技术分析形成了众多的门类，其中有代表性的是道氏理论和波浪理论。

以上是最常见的基本分析和技术分析的基本概念，虽然不一定全面，但基本描绘了基本分析和技术分析的大致内容。不管怎样，自从划分出了基本分析和技术分析的两大阵营，口水战似乎就没断过，公说公有理，婆说婆有理。搞得有志于投身股票市场的热血青年一头雾水，不知道该听谁的好。巴菲特老师说得好，股票市场短期是投票机，长期是称重器。这个投票机说的大概就是技术分析的事情，而称重器就是基本分析的事情。在笔者看来，基本分析完全是西医的派头，一上来就化验、X光、B超、CT……而技术分析是活脱脱的中医手段——望、闻、问、切。一般来说，大的金主，都会偏爱基本分析，因为听得懂且直观；而小散户，特别是那种信息不对称条件下的小散户，不得不选择技术分析，原因很简单，其能做到“多快好省”。如果想把基本分析和技术分析兼收并蓄，那么通常情况下的分工基本上便是基本分析确定目标选择，而技术分析确定时机选择。

技术分析在近年来呈现加速泛滥的趋势，很多人认识个MACD或者KDJ指标就以为自己是技术派了，如同了解一鳞半爪的中医养生知识，就以为自己是中医一样。指标学派在技术分析门类中，是自20世纪70年代计算机普及以来逐渐发展起来的分支，无法代表整个技术分析，而且最有意思的是，几种重要技术指标的发明者王尔德，到晚年自己都放弃了使用技术指标作为市场分析工具。更不用说热衷于指标的市场参与者，仅看了几眼教科书，就以为自己会使用指标了。

基本分析者最典型的就是言必称估值，如果市场中任何一个品种有所有人都认可的确定的价值，那市场也就不存在了，我们只能确定有价值，但无法确定价值的具体数值，因为价格围绕价值波动嘛。估值最不合理的地方在于期望收益率和折现率都是变量，因此赋予了价值无限的可能性。

注册会计师教材《财务成本管理》中明确指出，一个企业五年以上的财务预测都不可能准确，如果这个说法是权威的，那么研究员信誓旦旦地宣布某企业的估值你是否愿意相信?

在笔者心目中，真正的基本分析是一种战略，是一种常识推定后的结果。而技术分析是一种行为金融学，只道是闻弦歌而知雅意。

基本分析的两大阵营：估值与成长

基本分析的主要研究方向，特别是在微观层面，重视的东西就是两个：一个是估值，一个是成长。由此也分成了两大阵营。估值方面的代表人物是格雷厄姆，其代表作是与戴维·多德合著的《证券分析》，按笔者的理解，估值思路现在已经广泛应用在财务成本管理方面，其逻辑严谨清晰，因此信众广泛，在业界拥有举足轻重的话语权。成长方面的代表人物是费雪，相对小众，代表作有《怎样选择成长股》。一般来说，格雷厄姆的估值体系被定义为定量分析，而费雪的成长理论被定义为定性分析。

公允价值

公允价值(Fair Value)，亦称公允市价、公允价格，是指市场参与者在计量日发生的有序交易中，出售一项资产所能收到或者转移一项负债所需支付的价格。从理论上说，公允价值的来源应该是两种：市价和未来现金流量贴现。后者表面上看有普遍的适用范围，实际上，其要求详细的现金流量预测、终值的预计和合理的风险调整后的折现率，而这些数据的输入牵涉主观判断，其微小的变化对所推导的公允价值具有很高的敏感性。为了规避这些现实操作中的技术性风险，根据公允价值信息的获取条件，将其来源分为活跃市场的公开报价、价值评估模型和交易对手提供三种，现实中常用的现金流量贴现法应该慎用。活跃市场的公开报价应该是确定公允价值最主要的来源。活跃市场的公开报价拥有众多的市场参与者，并通过市场机制，根据有效市场假设，忠实表达金融商品的公允价值。同时，活跃市场的公开报价也具有容易观察获得、可验证性等特点。这里需要注意的是，活跃市场的公开报价是公允价值的确定基础，而不是确定公允价值。以最简单的逻辑来证明这一点就是，价格围绕价值波动。

安全边际

所谓安全边际（Margin of Safety），也称安全边区，是一种基于基本分析的投资原则，因为价格围绕价值波动，所以投资者只应该在股票的市场价格显著低于其内在价值时才出手购买。也就是说，当证券的市场价格大大低于投资者对其内在价值的估计时，其间的差额即安全边际。存在这种差额时购买证券，可以以最小的下行风险进行投资。在财务成本管理中，也有一个概念称作安全边际，但我们仅讨论关于投资领域的问题。

投资者会根据自己的风险偏好设定安全边际，因此它其实是因人而异的，首先确定内在价值就是一件仁者见仁、智者见智的事情，建立在内在价值基础之上的安全边际，相当于再给个折扣价，折扣要多大才满意，没有一定之规。笔者见过一个解释安全边际的比较形象的比喻，说安全边际大概类似要多大一块儿手纸能保证擦屎的时候不会沾到手上，既不要浪费也不要弄巧成拙。

P/E、P/B和PEG

市价盈利比率，简称市盈率（Price Earnings Ratio，P/E或PER），也叫“本益比”“股价收益比率”，是指股票价格除以每股收益（EPS）的比率，或以公司市值除以年度净利。

一般来说，市盈率通常指的是静态市盈率，即当前股价除以前一年度的每股收益。动态市盈率则有多种方式，目前通行的做法是用当年一季度业绩乘以4，要是有季节波动，就不会特别准确。

市盈率是最常用来评估股价水平是否合理的指标之一，指标设计理念剑指投资的回本年限，适用于防御性行业公司股价估值。而业绩大起大落的周期性行业估值通常采用市净率。

市净率（Price-to-Book Ratio，P/B或PBR），是指每股股价与每股净资产的比率。那些周期性行业的个股每股盈利伴随行业景气度循环可能有极大波动，市盈率也往往是几年前还在上百倍，过几年却10倍也不到。要是遇上行业极不景气，企业出现亏损，市盈率更是无从谈起。对于此类个股，利用市盈率估值极为困难。这时候，市净率指标就极具参考价值了。毕竟，无论行业景气与否，上市公司的每股净资产一般不会出现大幅波动，盈利多则每股净资产增加得也多一些，盈利少则每股净资产增加得慢一些，亏损则每股净资产也不过是小幅下降。正因每股净资产波动不大，所以由股价除以每股净资产得到的市净率，波动也相对较小，在估值上更具参考价值。托宾Q理论正是从市净率的角度来考虑投资价值的。但无论是市盈率还是市净率，都有自己应用的局限性，对于成长股来说，轻资产低收益是典型特点，这时我们需要采用不同的估值手段来衡量其投资价值。

PEG是市盈率P/E除以特定时间段内收益增长率得到的比值，是“预测市盈率”的一个变体，PEG综合考虑了市盈率和未来的收益增长，为投资者提供了比P/E本身更全面的视角。换句话说，PEG帮投资者通过分析当前公司收益和未来预期增长率来衡量股票价格是被高估还是低估。

尽管不同行业的盈利增长率可能有所不同，但PEG小于1的股票通常被认为低估，因为与公司的预期盈利增长相比，其价格较低。相反，PEG大于1可能被视为高估，因为与公司的预期收益增长相比，它可能表明股价过高。

财务成本管理关于预测

《财务成本管理》中提到，企业的长期财务预测一般为五年，五年以上的财务预测通常不会太准确。这是件令价值投资者比较尴尬的事情。因为所谓估值，基本模型建立在对未来收益折现的基础上，虽然五年之后的收益折到当前时点已经大打折扣，但仍未到可以忽略不计的地步。如果仅衡量五年内的折现现金流，那么很多投资的安全边际恐怕要不够看了。不过，也许有人说这个问题无所谓，因为还有永续债的存在，但不管怎么说，比较长期的估值是一笔糊涂账，大家只要知道肉烂在锅里就好。

价值投资与趋势投资——扑克牌与麻将牌

有一个很有意思的比喻，说价值投资的思路类似打扑克牌，而趋势投资的思路类似打麻将牌。这个比喻的意思是说，打扑克牌的时候，每一张牌是有大小的区分的，大王比小王大、A比K大、K比Q大、Q比J大，以此类推。那么在价值投资体系中，最重要的一点就是估值，个股之间估值要分出个高低。而打麻将牌的时候，条饼万，牌与牌之间，每张和每张都是平等的，没有大小多少之分，谁也不会压谁一头，重要的是次序与组合。而趋势投资恰好对个股一视同仁，如果猪站到了风口上，一样会飞起来。

理性经济学人

在经济学里，“合乎理性的人”的假设通常简称“理性人”的假设或者“经济人”的假设。西方经济学家指出，“理性人”的假设是对在经济社会中从事经济活动的所有人的基本特征的一个一般性的抽象。这个被抽象出来的基本特征就是，每一个从事经济活动的人都是利己的。也可以说，每一个从事经济活动的人所采取的经济行为都是力图以自己的最小经济代价去获得自己的最大经济利益。西方经济学家认为，在任何经济活动中，只有这样的人才是“合乎理性的人”，否则，就是非理性的人。

实际上，由于受到市场信息不对称效应的影响，完全“合乎理性的人”不可能存在，只能作为一个理论上的抽象概念。

假定特征

(1)完整性。理性人了解自己的偏好，对自己所要达到的目的具有明确的认识，对于经济生活中的任何变动，都能作出独立的选择。

(2)有理性地选择。它的经济行为都是有意识的和理性的，不存在经验型和随机型的决策。

(3)自利原则。消费者追求满足最大化，生产要素所有者追求收入最大化，生产者追求利润最大化，政府追求目标决策最优化。

(4)传递性。各种生产资源均可以自由地、不需要任何成本地在部门之间、地区之间流动。

之所以作出这种假定，无非要在影响人们经济行为的众多复杂因素中，抽出主要的基本因素，以此为前提，得出重要结论，并对人们的有关经济行为作出预测，提供行动方针或决策的理论基础。

人的行为假设

传统金融理论认为人们的决策是建立在理性预期(Rational Expectations)、风险回避(Risk Aversion)、效用最大化(Utility Maximization)以及相机抉择(Discretionary)等假设基础之上的。

大量的心理学研究表明，人们的实际投资决策并非如此。比如，人们总是过分相信自己的判断，根据自己对盈亏状况的主观判断进行决策，等等。尤其值得指出的是，研究表明，这种对理性决策的偏离是系统性的，并不能因为统计平均而消除。

有效的市场竞争

传统金融理论认为，在市场竞争过程中，理性的投资者总能抓住每一个由非理性投资者创造的套利机会。因此，能够在市场竞争中幸存下来的只有理性的投资者。

在现实世界中，市场并非像理论描述般完美，大量“反常现象”的出现使得传统金融理论无法应对。传统理论为我们找到了一条最优的道路，告诉我们“该怎么做”，让我们知道“应该发生什么”。

人的非理性行为

可惜，并非每个市场参与者都能完全理性地按照理论中的模型去行动，人的非理性行为在经济系统中发挥着不可忽视的作用。因此，不能再将人的因素仅作为假设排斥在外，行为分析应被纳入理论分析之中，理论研究也应转向“实际发生了什么”，从而指导决策者进行正确的决策。

行为金融学

行为金融学是基于行为学、金融学、社会学、经济学、决策学、心理学的理论来分析金融市场主体（决策者）在金融市场中的行为心理特征，并以此来研究投资者的决策行为及其对资产定价影响的一门学科。行为金融学以人的心理特征和行为特征为出发点来研究、解释股市变化的现象。这门学说的伟大之处在于，它历史性地抛弃了把股市作为一个客观物质的思维。

在行为金融学出现以前，人们认为股市和楼房是一样的客观事物，在股市投资和工程师设计楼房原理一样，只要了解地面、材料的承重力，计算出长、宽、高，画出图来就能施工，只要严格遵守数据施工就是优质的建筑，只要从各个角度对股市进行解剖分析、论证计算，就能正确投资。

把股市当死物就研究不下去了，很多现象解释不了。行为金融学历史性地承认了股市是活物，其很多变化和过程是由人的心理决定的，这就是行为金融学的正确之处。它开辟了一条把人的心理和人的行为作为股市变化最基础原因的正确道路，也历史性地承认了股市变化在很多情况下不是纯客观的，而是与参与者的心理特征和行为特征有关。股市在很大程度上是人性的反映，股市中的很多现象并不符合科学的原理和既定的逻辑。

过去的理论假设资本市场参与者都是计算机，都是没有情绪的、超级理性的，行为完全遵循利益的原则。实际上并不是这样。每次股市大跌或个股价格大跌时都会出现“羊群效应”：一看到别人都在卖，投资者会不顾一切、不问任何原因就条件反射式地跟着卖，这就是人的心理和人性的自然反应。这时，首先出现在他脑海中的不是理性，而是一种自然的条件反射。人的主观情绪结构就是先由情绪支配，再由理性支配。过去，所有的理论都假设人是理性的，所有的事情都按照利益最大化来分析，实际上这是错误的。虽然估值、成长等理论都非常有用，但股市在相当大的程度上是心理博弈。巴菲特说的“别人恐惧我贪婪，别人贪婪我恐惧”，就是心理博弈。

纠正了过去资本市场金融理论的基础性错误，这就是行为金融学的重要价值。行为金融学发现、提出、总结了人类有“羊群效应”和从众等心理特征，并且也认识到其危害严重，但是没有更进一步指出人类应该怎样避免这些危害，有哪些具体的方法和手段可以用来解决这些危害。

禀赋效应

禀赋效应充分体现了行为金融学的研究方法，对传统经济学的理性人假设提出了挑战。禀赋效应是指人一旦拥有某个物品，那么他对该物品价值的评价要比拥有之前大大提高。即所谓自己的东西，自己觉得更值钱，其实就是敝帚自珍。禀赋效应是由理查德·塞勒（Richard Thaler）在1980年提出的，这一现象可以用行为金融学中的“损失厌恶”理论来解释，该理论认为，一定量的损失给人们带来的效用降低，要多过相同的收益给人们带来的效用增加。因此人们在决策过程中对利害的权衡是不均衡的，对“避害”的考虑远大于对“趋利”的考虑。出于对损失的畏惧，人们在出卖商品时往往索要过高的价格。我们在股票市场里会发现很多禀赋效应的应用场景，例如，止损比止盈要困难很多，每个人都觉得自己持有的股票比别人的好等。

投资与交易

我们到资本市场是干什么来了？很多人会回答说，挣钱啊。但我们通常能听到的冠冕堂皇的说法是，来投资啊。好的，如果是来投资的，我想要问大家一个问题，为什么叫上海证券交易所，而不是上海证券投资所呢？既然咱们是来投资的，投资于证券，那叫证券投资所才名副其实嘛。究其原因，投资只是资本市场功能的组成部分之一，并非全部，而交易才是最基础的功能。根据《证券知识读本》的说法，证券市场的基本功能包括筹资、定价、配置和转变机制等，这里面只有配置与投资是相关的，而且配置包含投资。上述这些功能，都只能建立在交易的基础之上，因此，仅从投资的角度来考虑资本市场，这种视角是相对狭窄的。当我们需要更深层次地理解资本市场的时候，应该把交易提到一个足够的高度来看待。我们在资本市场中所遭遇的种种困难和挫折，在很大程度上，源自对交易的忽视和缺乏理解，片面地以为投资才是高大上的，甚至刻意贬低交易的重要地位。在我们的日常生活中，能够明显意识到交易的地方，主要就是两个：一个是菜市场，一个是黄牛党。看看，给人的感觉都是那么地不够高大上。因此对于交易这件事无人问津也很合乎情理。只是，我们对交易的理解，可能不如小商小贩和黄牛党。超市晚八点以后，会把当天没卖完的凉拌菜、熟食等容易变质、不适合过夜储存的东西以较大折扣出清，这与投资是完全不同的思路。市场参与者所面临的最大困扰，就是原本是一个短线交易的计划被套之后变成了长线投资，即所谓炒股炒成股东。

周期性与防御性

周期股是指那些支付股息高（股价相对不会太高），并随着经济周期的盛衰而涨落的股票，比较常见的周期性行业有汽车制造、房地产、钢铁、有色金属、化工等基础大宗原材料行业、水泥等建筑材料行业、工程机械、机床、重型卡车、装备制造等。

需要注意的是，对于大多数股票而言，低市盈率是好事，但周期性股票并非如此，当周期性股票业绩极佳而市盈率锐减时，这可能暗示着公司业绩已进入景气度高潮，此时不敏感的投资者可能还在选择买入并持有，但聪明的投资者会选择卖出；反之，对于大多数股票而言，高市盈率是坏事，但对于周期性股票而言是好事，当周期性股票业绩连续数年极差时，将出现极佳的买入良机。

防御性股票是指无论在怎样的市场环境下，都能提供稳定回报的股票。其利润不随经济的衰退而出现明显下降，可以有效抵御经济衰退所带来的影响。

防御性股票是非周期性股票，主要有水、电、煤气供应板块，交通运输、食品、医药、零售、农业等行业。通常情况下，在市场上涨时，它们的表现要落后于大盘，而在市场下跌时，它的下跌幅度也会远低于大盘，甚至有可能出现上涨的情况。投资者在熊市时倾向配置一些防御性股票，在牛市中防御性股票上涨幅度常常低于周期性股票。

技术分析的四大要素：价、量、时、空

有关技术分析的四大要素，很多版本写的是量、价、时、空。这个次序

不应该是随机分配的，因为价格是核心、是主导，而量是一个辅助配合的角色。这不是说量不重要，如果不重要那不如去掉它变成三大要素好了。有了量分析的价分析，就是如虎添翼。没有量分析的价分析，很可能就是落魄的凤凰不如鸡。一般情况下，时指的是时间，空指的是空间，这方面是无异议的，时是价的时，空也是价的空。因此技术分析的四大要素中三个是以价格为研究对象的。我们可以简单地理解，技术分析中，价格因素占了75%，而成交量因素只占25%。

不过，在价、量、时、空这四大要素中，价是最具争议的，很多分析语焉不详。笔者的看法：价，指的是价格表现形式。比如，形态分析的分析内容就是价格形态；还有K线、美国线等，以特定的方式来进行价格记录，并且通过连续的价格记录来构造价格走势。

成交量作为价格分析的辅助手段，与价格和时间联系紧密。一般来说，成交数量的定义通常有两种方式：要么是每笔成交，这时价格与数量基本是一一对应的；要么是单位时间成交总量，这时，不仅要看价格范围，还要确定时间范围。

时间因素，通常情况下，价格与成交量的比对，要以时间单元为基础。但时间因素中，周期的概念更是市场参与者关心的内容。潮起潮落，四季更替，存在波动的地方，都呈现循环往复的表征。

空间因素，可以简单地理解为涨跌幅度，或者说价格拓展空间。按照技术分析的逻辑，价格与价格之间，价格波动段落的升跌，都存在严谨的比例关系，黄金分割、斐波那契数列等均可以提供具体的指向目标。

由此我们也可以看出，技术分析为什么有时候被称为图表分析，因为在一张图表上，所列明的要素就是价、量、时、空这四大要素。时间为横轴，空间为纵轴，上半部分是价格，下半部分是成交量，基本上就可以全面地记录市场的变化情况。

不完全归纳法

不完全归纳法，又称“不完全归纳推理”，它是以某类中的部分对象（分子或子类）具有或不具有某一属性为前提，推出以该类对象全部具有或不具有该属性为结论的归纳推理方法。不完全归纳法的特点是结论所断定的范围超出了前提所断定的范围，结论的知识往往不只是前提已有知识的简单推广，而且揭示出存在于无数现象之间的普遍规律性，给我们提供全新的知识，尤其是科学的普遍原理。人们要认识周围的事物，首先必须对事物的现象进行大量的观察和实验，其次根据观察和实验所确认的一系列个别事实，运用不完全归纳法将个别的知识概括为一般的知识，从而达到对普遍规律性的认识。所以，不完全归纳法在探求新知识的过程中具有极为重要的意义，特别是在技术分析领域，我们建立分析模型时，很多初选架构设定采用了不完全归纳法的方式。由于不完全归纳法中条件与结果存在或然性，即样本数量的多少决定了模型的普适性，因此尽可能多的样本是保证技术分析模型成功率的重要条件。根据笔者的经验，设定一种可行的技术分析模型最少样本数量为3个，如果低于3个样本，则基本无法确定该模型成立。

龙虎榜——裸奔的主力

龙虎榜出处

龙虎榜这个词出自《新唐书·欧阳詹传》：“举进士，与韩愈、崔群、王涯、冯宿、庾承宣联第，皆天下选，时称‘龙虎榜’。”后人为纪念唐人欧阳詹而作诗句：“文笔破天荒，名震贞元龙虎榜。”

早期国内股票市场的龙虎榜

1990年12月19日，上海证券交易所正式开业，之后一段时间内，行情通过亚洲一号通信卫星传送全国各地的证券营业部，它的数据格式就是当时流行的桌面数据库 dBASE 的数据文件存储格式，俗称 DBF 格式。

证券营业部需要安装一个指向亚洲一号通信卫星的接收天线，与这个天线相连的设备叫卫星室内单元，卫星室内单元同时连接到一台运行上海单向小站数据接收程序的 PC 机上，接收行情数据文件，再经过一台 PC 机进行简单的处理，送到一块几米见方的由双色发光二极管（可显示红色、绿色及混合而成的黄色）构成的阵列屏上显示。1993 年 12 月，上海证券交易所开通卫星通信双向网；1994 年 8 月 30 日，深圳证券交易所开通卫星通信双向网。全国各地证券营业部的单向小站陆续增设双向小站，实现证券营业部通过卫星向交易所发送交易指令，以及交易所将成交信息通过卫星回传给证券营业部。

由于交易所通过卫星小站广播方式将成交信息回传，某些同样拥有卫星通信接收设备的公司和个人，通过破译数据包密码的方式截获数据，经过简单汇总统计，售卖给市场参与者，俗称龙虎榜。流行后期，部分上榜席位采用数据专线传输成交数据，导致龙虎榜数据残缺，失去参考意义，渐渐没有了市场。更有甚者，某些上榜席位在某些特定时段通过卫星通信故意暴露交易数据，误导公众，更使依据龙虎榜数据交易的投机客得不偿失，之后，龙虎榜渐渐淡出公众视野。

现在股票市场的龙虎榜

我们现在所看到的龙虎榜基于A股市场日常统计交易中的涨跌幅、换手率、成交量等数据的统计列表，数据由交易所发布。投资者可以从龙虎榜中看到证券营业部、游资、机构等的交易量，以及一些个股的情况。

一般来说，只有当股价日内涨跌幅度超过7%，股价日内换手率超过20%，股价日内上行幅度超过15%，或者连续3天波动偏离值超过20%的前三名的数据才有资格上榜。

通常的解释，通过龙虎榜，我们可以关注市场主力资金的动向，往往这种异常的动向能对后续股票的走势产生影响。因此很多人对龙虎榜数据痴迷，对频频上榜的席位、传说中的大佬膜拜。这一点似乎是一脉相传的，古人对龙虎榜上的文坛大佬也是膜拜的。无论是股票市场早期的地下龙虎榜还是现在的官方数据龙虎榜，其实都是管中窥豹，可见一斑。对这种数据的痴迷，实际上反映了一种取巧的心态，如同在赌局中，要是我们能看到对方的底牌，是不是就可以取得胜算？我们可以设想一下，要是大家都能看到主力的底牌，那么我们现在的股票市场上，那些所谓市场主力，岂不相当于在裸奔吗？是不是会输得精光呢？对于官方披露的数据，我们说这是依据市场“三公”原则进行的，但如果这种数据每个人都可以根据规则来预知什么情况下会被披露或不会被披露，那么我们所了解的，或者说所有人都了解的所谓主力的“隐私”，会不会是主力允许或故意亮出的底牌呢？

龙虎榜与软件

中国人最大的缺点是聪明，很多人一听，说不对啊，聪明不是优点吗？那我们可以换一个接近的说法，就是抖机灵。你看比较正面的说法，没有说中国人聪明的，从来都是说中国人勤劳勇敢。而聪明之所以成为缺点，是因为人一旦聪明起来，就爱走捷径。抄近道嘛，省时省心省力。抄作业，抄大资金的作业，这不就是走捷径嘛。所以我们会发现，龙虎榜关注的人特别多。而一年服务费十几万元的炒股软件，卖得也很火。是不是说，如果我们有一个能看主力仓位的软件儿，就可以指哪儿打哪儿了呢？或者我们可以类比一种心态，话说老家有个亲戚，打算自主创业开个手机店，八字还没有一撇呢，先买了个老板椅回家。估计是想先体验一下，找找感觉，但后来手机店没开成，老板椅太占地方，就扔在院子里经受风吹雨打。这是笔者过年回老家看到院子里残破的老板椅时听说的故事。而且这不是个案，比如心血来潮要练瑜伽，某某瑜伽垫子、瑜伽服先备上，必须显得专业、高大上。最后根本没练，这些东西随之束之高阁。炒股软件的作用，会不会也类似呢？

好友指数

运用相反理论时，真正的数据通常有两个：一个是好友指数，另一个是市场情绪指标。

好友指数有0~100%，不同比例有不同的指示，详细的分析将会让投资者有一个更清晰的概念，运用理论时也较有把握，好友指数比例指示如下：

0~5%：一个主要的上升趋势近在眼前。人人看淡时，淡友要沽货的，你也沽来我也沽，以致沽无可沽。大市淡无可淡就是转势的时机。把握时机进场拿货，博取大额利润，就是在这个时候！

6%~20%：这是一个不明的区域，大部分人看淡，只有少部分人看好。这些看淡的人以压倒性优势将大市压低。但因为看淡的人比例大，市场走势也可随时见底。很多时候转势机会会在这个区域产生。投资人士可以辅之以图表、成交量等去探测大市是否已经见底。

21%~40%：看淡的人在比例上仍然超过抱有乐观情绪的人。从统计数字可以看出，继续看淡赢面较大。如果在这一个区域，大市不再向下，市势就会变得十分不明朗，要以忍住不出手为上。如果在这个区域，大市转势上升，通常升幅会十分凌厉，而且常常会创出新高。因为大众看淡时，一旦证明看错，市势一升就将一发不可收了。

41%~55%：市价可上可下，不绝对，不明朗。在这个区域，投资人士一定要忍住不出手，切勿轻率入市做交易，因为赢面和输面比例差不多。在保本原则之下，不交易反而最安全。

56%~75%：看好的人占多数，但又并非绝大多数。市势发展有很大上升余地。但如果这个比例中，本来看好的人多，大市却不升反跌，走势一定会是急促且令人害怕的。通常大市在大家看好时下跌，多数会创出近期的新低。

76%~95%：走势并不十分明朗。很多时候市场会在这个区域转势向下，但仍然有机会。在看好情绪一路高涨之下，攀升持续一段时间，直到达到百分之百的人都看好为止。所以利用图表分析作为辅助工具相对比较安全。

96%~100%：大市已经出现所有人看好的局面。投资的本金已经全部投入市场。这是弹尽粮绝、强弩之末的征兆，转势迫在眉睫。赶紧出货为上策，离场观望。如果要更进一步，做淡友沽空，此时胜算最大。

美林投资时钟——资产配置幻觉

美林投资时钟，是2004年由美林证券提出的一个解释资产配置的理论。根据美国1973—2004年这段时间的资产和行业回报率历史数据研究得出，作为系统分析经济周期的框架模式，依据经济增长率（通过观察GDP确定）和通货膨胀率（通过观察CPI确定）这两个宏观指标的高低，将经济周期分成了四个阶段：衰退期（低GDP+低CPI）、复苏期（高GDP+低CPI）、过热期（高GDP+高CPI）、滞涨期（低GDP+高CPI）。将宏观经济周期的四个不同阶段与大类资产配置和行业轮动联系起来，是业界公认的一种具有很强实用性的投资工具，可以用于指导投资周期和大类资产配置。每个阶段的资产或者行业的表现，有的会远高于常规水平，有的则相反，因此，在某一个阶段要选择适合的投资品种。投资者希望利用它在不同的时间转换资产，以获取较好的投资收益。

美林投资时钟可以明确告诉大家，在某一个阶段，应该对不同的投资品种有不同的方向选择，在确定的时间阶段提前布局相对应的资产，可能会有超额收益。

以下列出的是每个阶段的收益率排序。

（1）衰退期：债券>现金>股票>大宗商品；

（2）复苏期：股票>债券>现金>大宗商品；

（3）过热期：大宗商品>股票>现金>债券；

（4）滞涨期：现金>大宗商品>债券>股票。

看起来，依据美林投资时钟来进行的资产配置，似乎可以稳稳立于不败之地，但可惜的是，2008年受次贷危机影响，创立该理论的美林证券亏损严重，最后被美国银行收购。试想一下，假如美林投资时钟理论无懈可击，那么美林证券为什么会如此收场呢？笔者认为，问题主要出现在对现实世界的勾画过于理想化。对实际经济形势进行上述四种定义，然后照方抓药，药到病除，实属一种幻觉。首先，如何界定GDP与CPI的高与低，进而认定其演变趋势，就是一个仁者见仁、智者见智的问题。更重要的是，就算我们可以精确地定义四个阶段，一笔交易的成功与否，不仅取决于入场时机，还取决于出场时机。而美林投资时钟理论，只是泛泛地讨论在什么时间，应该干什么，却不能给出具体进出场的标准，从这一点来说，该理论更像是纸上谈兵，不具备实际意义。

买进决策的三个递进过程

我们可以把一个买进决策分解成三个逐次递进的过程：买不买、买什么、怎么买。我们来想象一下，假如有一个市场参与者，他要作出一个买进的决策，首先需要解决的问题，就是当前的市场环境究竟适不适合买进，买或者不买，这是个问题。当买进这个念头产生之后，才会进一步考虑买进的对象，或者说目标。锁定目标之后，下一步考虑的问题才是买进的方式方法，是梭哈、分批还是定投。当然，很多情况下，这三个过程都是“三而一、一而三”的关系，并不像我们在分析时搞得这么僵化。我们之所以要对这个过程进行分解，主要是因为我们看到了在很多需要决策的时候，很大比例的市场参与者被阻挡在了第一过程，即买不买这个问题上，如果这个问题不解决，后面的两个问题就无从提及。我们发现，在行情上涨的初期，甚至是中期，市场参与者通常仍在纠结买与不买的问题，以致错过行情。而投资技巧的提升，非常需要经验的积累。因为被阻挡在第一过程，买进目标筛选和买进模式的确定这两个后续环节经常得不到测试与优化提升，导致市场参与者的投资技能与投资技巧无法得到充分、及时的锻炼和改进。

100%与1000%的计算问题

有个故事，说的是股神巴菲特的投资三原则：第一，保住本金；第二，记住第一条；第三，记住前两条。以笔者对巴菲特的了解，这个故事大概是杜撰的，但这并不重要，因为故事的主人公是谁这不是重点，安在谁身上都可以，安在股神身上是要彰显其重要性。本故事的重要性在于，风险与收益，在计算比率方面是不匹配的。笔者的总结是，1000%的收益，敌不过100%的损失。

之所以这样说，是因为无论收益如何高，只要亏损达到100%，就意味着全亏光了。笔者的一个朋友研究过一个指标，其通过算术平均计算认为收益是比较理想的，于是就跑来找笔者验证。笔者一看他的统计方式就知道这个方式不可行，因为在全仓交易的情况下，两笔交易，分别盈利50%和亏损50%，他的结果并不是平的。江恩曾经提出，应将本金分成十等份，笔者揣测，应该就是为了防止出现盈亏无法相抵这个问题。

连续十次抛出硬币的正面，下一次会是？

对于这个问题，很多没有深入思考的人会觉得下一次也会是正面。这就是所谓思维定式，即按照积累的思维活动经验教训和已有的思维规律，在反复使用中所形成的比较稳定的、定型化了的思维路线、方式、程序、模式（在感性认识阶段也称“刻板印象”）。思维总是摆脱不了已有框架的束缚，表现出消极的思维定式。认识的固定倾向是一种习惯，而习惯是一种因循式的思维形式。习惯是一种已经熟练掌握的不假思索的反应行为和适应行为，经常是不饥而食、不困而眠，压倒合理的思想而不给它以自由发挥的机会。因此若想提高能力，就必须从冲破思维定式开始。股票市场其实是人的各种心理方面、情绪方面、认知方面等诸多问题的集中投射区，而所有这些问题，都会在投资绩效上产生各种障碍，我们需要通过学习来认识和克服。

庞氏骗局

任何金钱骗局的基本原理都是利诱：向某人借钱，许给他高额利息；再向其他人借，拿出一部分作为“利息”付给前一个人。以此类推。

“庞氏骗局”是一种最古老和最常见的投资诈骗，这种骗术是一个名叫查尔斯·庞兹的投机商人“发明”的。查尔斯·庞兹（Charles Ponzi，1882—1949年）是一个意大利人，1903年移民到美国。在美国干过包括油漆工在内的多种工作，一心想着发大财。他因伪造罪在加拿大坐过牢，在美国亚特兰大因走私人口蹲过监狱。经过美国式发财梦十几年的熏陶，庞兹发现最快的赚钱方法就是金融，于是，自1919年起，庞兹隐瞒了自己的历史来到波士顿，他设计了一个投资计划，向美国大众兜售。

这个投资计划说起来很简单，就是投资一种东西，然后获得高额回报。但是，庞兹故意把这个计划弄得非常复杂，让普通人根本搞不清楚。1919年，第一次世界大战刚刚结束，世界经济体系一片混乱，庞兹利用了这种混乱，他宣称购买欧洲的某种邮政票据再卖给美国，便可以赚钱。国家之间的政策、汇率等，很多普通经济行为人确实不容易搞清楚。其实，只要懂一点金融知识的人便能指出，这种方式根本不可能赚钱。然而，庞兹一方面在金融方面故弄玄虚，另一方面设置了巨大的诱饵，他宣称，所有的投资，在90天之内都可以获得40%的回报。而且，他还给人们“眼见为实”的证据：最初的一批“投资者”的确在规定时间内拿到了庞兹所承诺的回报。于是，后面的“投资者”大量跟进。一年时间里，差不多有4万名波士顿市民，变成庞兹赚钱计划的投资者，而且大部分是怀抱发财梦想的穷人，庞兹共收到约1500万美元的小额投资，平均每人“投资”几百美元。当时的庞兹被一些愚昧的美国人称为与哥伦布、马可尼（无线电发明者之一）齐名的最伟大的三个意大利人之一，因为他像哥伦布发现新大陆一样“发现了钱”。当某个金融专家揭露庞兹的投资骗术时，庞兹还在报纸上发表文章反驳金融专家，说金融专家什么都不懂。1920年8月，庞兹破产，被判处5年刑期。此后，“庞兹骗局”成为一个专用名词，意思是指用后来“投资者”的钱，给前面的“投资者”以回报。

几乎所有的设局、模式都可以用击鼓传花来解释，只要鼓点儿在响，游戏就可以继续玩儿下去。老话说，贪小便宜吃大亏，确实是亘古不变的道理。

投资绩效正态分布，截断亏损获得利润

我们在止损问题方面已经探讨过的一个逻辑，就是对一个投资人的每一次投资绩效进行统计，大致可以得出的结论就是，在数量足够多的前提下，我们可以视其为正态分布。这时候，可以发现投资绩效大概是一半盈利一半亏损，然后基本上互相抵销。那么建立在这个逻辑基础上的考虑，就是一笔交易发生亏损的时候，如果能把损失控制在相对较小的范围内，那么投资绩效的统计结果将会是较大的盈利。这样一来，我们其实就发现了保证投资盈利的一个秘诀：截断亏损，让盈利奔跑。一般的考虑是想要得到正向的投资绩效，唯有找到一个盈利概率无限接近100%的交易系统才行。因此很多人把时间花在寻找一个赢面极大的交易系统或者优化自己的交易系统提高赢面

上，这是一项非常困难的任务。因为我们所掌握的方法既非充分条件也非必要条件，而如果我们了解并认同了投资绩效正态分布原理，那么我们所追求的目标便不再是盈利次数比例，而是控制损失发生总额。这项任务相对容易完成，其难点在执行层面，而不是逻辑框架，这是人力能够控制的范围。

劣币驱逐良币

狭义来说，劣币驱逐良币是指因为信息不对称，物品的估值方（信息缺少的一方）估值一定时，物品的提供方（信息充分的一方）会选择提供实值较低的物品（劣币），致使实值较高的物品（良币）越来越少。广义来说，劣币驱逐良币也可以泛指一般的逆淘汰（劣胜优汰）现象。简单来说，劣币驱逐良币的意思就是破钱流通得快。在股票市场里，这种现象也存在，即垃圾股交投更活跃。

选股如选妻

“选股如选妻”的意思是选股如同找对象一样。不能捡到篮里都是菜，也不能眉毛胡子一把抓，既不能当花心大萝卜，也不能将就凑合。我们做投资顾问的，感觉还真有点儿像媒婆，媒婆保媒拉纤儿，投资顾问是推荐股票，模式差不多。介绍对象最怕没有标准的，因为只要你的标准不是漫无边际的，就一定有符合标准的人出现，没有标准的人心里的要求其实比天高。选股也不能没有标准，巴菲特说过这样一句话：“我们所拥有的产品，要考虑人类道义和伦理风险。”所以巴菲特不买香烟、军火、博彩等涉恶或可能涉恶的企业，即使它们非常赚钱。我们看到，介绍对象时一般会关心的问题有年龄、身高、体重、户籍、学历、职业、家庭环境、收入、相貌，等等，这与基本面选股尤其相似，如上市时间长短、股价水平、股本大小、公司所在地、上市板块、所处行业、股东情况、每股收益水平、市场形象，等等。

主人上山狗在前

欧洲的大投机家安德烈·克斯托兰尼曾经给出一个形象的比喻，来形容宏观经济与股市之间的关系，称作主人上山狗在前。他把宏观经济比作主人，把股市比作狗。宏观经济与股市之间的依存状态，大概类似遛狗。比如，在一个傍晚，饭后主人出门到后山散步同时遛狗，出门之后，解开狗绳，狗狗一个箭步窜出去，跑到一个自己感兴趣的地方玩耍。主人背着手，慢慢朝山上走，一会儿之后经过狗狗玩耍的地方，渐渐把狗狗落在后面，而狗狗玩耍了一阵子抬头看见主人已经走远，立即追上去，跑到主人前面，又找了一个地方继续玩耍。就这样，主人和狗之间错前错后地追逐，但两者的行进方向是相同的。我们把主人和狗替换成宏观经济和股市，就可以大致理解宏观经济和股市之间到底存在怎样一种关系了。笔者认为，这个说法比照晴雨表来看，似乎能更加合理地解释宏观经济与股市之间的关系。通常的说法，是说股市是宏观经济的晴雨表。这种说法，容易把股市定义为宏观经济的先行指标，虽然在很多场合下，股市表现都会先于宏观经济，但这并非百分之百的，我们也能够找到宏观经济表现先于股市的某些阶段。因此，主人与狗之间错前错后的关系，才最能贴切体现宏观经济与股市之间若即若离却又相辅相成的态势。

结构性牛市与负增长

结构性牛市，是近年来市场的一个流行语，被很多基金经理频频提及。所谓结构性牛市，意思是首先要把市场拆分为若干结构，然而每一部分结构并非齐涨共跌，而是一部分一部分地出现涨势，这种局部牛市，称为结构性牛市。说穿了，结构性牛市就是假牛市，不是真的牛市，算是一种变通的说法。因此，当我们听到这种说法时，就应该了解到发言者的真实想法。与结构性牛市这种说法相对应的，还有一个常用的说法叫作负增长，两种说法具有异曲同工之妙。负增长其实就是衰减或下降。但是当衰减或下降被视作一种敏感词时，“负增长”这个词就被创造出来了。

流动性 · 对手盘

理解股票市场的核心关键是什么？每个人有每个人的答案。在这里，笔者想要跟大家重点揭示的是流动性。流动性是一个股票市场的核心关键。流动性意味着大资金要买得进来，卖得出去；否则，失去了流动性则赚取的便仅是纸上富贵。懂得了这一点，我们就知道，对于大资金来说，价格不是最重要的，因为资金优势可以换取定价权，而在每个价格上的供需规模，才决定大资金可以兑现的比率。能否兑现意味着你的对手盘是否存在，没有对手盘即无法平仓兑现，浮动盈亏是无意义的，因为那不是真金白银。所以我们知道，在市场成交低迷的时候，散户是不担心的，但大型的机构投资者就不同了，失去了流动性，其战略目标便无法达成。掌握了流动性这个市场的关键因素，我们就可以了解到，为什么投资大师总是强调要留点钱给别人赚，因为只有让对手盘有利可图，才会有人愿意接手，才意味着流动性的存在。作为一个散户，要努力做到不将绝对的高点和绝对的低点作为自己追求的目标。

市场广泛性

对于个股来说，是没有什么广泛性之说的。广泛性，主要应用在市场指数方面，是从群体层面来对市场进行的评价。它主要是对在一轮行情中究竟有多少个股会跟从大盘同向运动进行的观察，是根据数量占比来对行情性质进行推断的一种方式。什么是反弹？少部分股票参与了上涨过程。什么是反转？大部分股票参与了上涨过程。广泛性可以作为一个衡量的标准，但与作为跟踪大盘的指标ADL和ADR之间似乎并无关联。因为广泛性关心的不是在大盘上涨时，上涨家数的比率，而是在大盘实现新高位置时，同步新高家数的比率。

幸存者偏差

幸存者偏差这个说法据说来源于第二次世界大战。在战场上，飞机和飞行员是非常珍贵的战力资源，美军轰炸机在战争中又发挥着重要作用，因此他们对飞机的安全性非常重视，找了一群科学家专门研究如何让飞行员有更多的生还率。他们对机库里的所有飞机进行了中弹情况的调研，军方统计了所有返回飞机的中弹情况。他们发现飞机的机翼部分中弹较为密集，机身和机尾部分则中弹较为稀疏，当时盟军高层的建议是加强机翼部分的防护。但这一建议被小组中的一位来自哥伦比亚大学的统计学教授亚伯拉罕·沃德（Abraham Wald）驳回了，沃德教授提出了完全相反的观点：加强机身和机尾部分的防护。

理由是机库里的飞机都是成功返航的，属于生还者，甚至不乏机翼和机身被多次击中的幸存者，说明机翼和机身扛得住打击，即便中弹了也可能安全返航。但机身后半段的机尾、引擎、驾驶舱很少甚至没有发现弹孔，说明这些地方一旦中弹就无法返航了，自然就统计不出数据，所以相比中弹多的地方，更应该重视没中弹的地方。沃德教授强烈建议加强引擎、机尾的防护强度，在之后的战争中证明沃德教授的决定才是正确的。

统计学上对幸存者偏差的定义是：我们在进行统计的时候忽略了样本的随机性和全面性，用局部样本代替了总体随机样本，从而对总体的描述出现偏倚。翻译为大白话就是：“你只考察了幸存者所满足的特征，这并不能得出一个有说服力的结论来。”归根结底，幸存者偏差就是一个由于获取信息不全而导致的认知错误。在股票市场上，我们的操作所依据的理由是否成立，也存在幸存者偏差。因此笔者提出的看法是，结果的错误可以确定依据的错误，但结果的正确未必能够确定依据的正确。

极限施压

中国人秉承《道德经》的教导，国之利器不可以示人，但美国人挺有意思的，就喜欢把自己打人的家什亮出来给人看。特朗普写过一些畅销书，在这些书中披露了一些他做生意的套路，他说自己常用的一种手段叫极限施压。他是不是真的把自己的秘诀公开了呢？我们发现如果对照股票市场的做法，还真有这种可能。

极限施压的逻辑其实非常简单，其追求的目标不是双赢，而是己方利益最大化。首先提出一个不可想象的目标，而不是自己觉得合理的诉求，要远超自己的合理诉求标准，然后努力谈判达成那个不可想象的目标。如果能够达成那个不可想象的目标，说明那个目标可能尚未触及对方能够接受的底线，己方应该得寸进尺，进一步狮子大开口，提出更为苛刻的条件或更高的价码，直到对方绝对不肯接受己方任何进一步的主张才罢休。

在商场里极限施压的套路，通常表现为不卖我就走了。如果商家把人拉回，说明施压成功。而股票市场中，极限施压在顶部和底部都会出现，见底后再破新低就是一种常规的极限施压手段。

投石问路

投石问路的基本含义是指夜间潜入某处前，先投以石子，看看有无反应，借以探测情况。

清代石玉昆著《三侠五义》第十二回：展昭到了墙头，将身爬伏。又在囊中取一块石子轻轻抛下，侧耳细听。此名为“投石问路”。下面或是有沟，或是有水，就是落在实地，再没有听不出来的。又将钢爪转过，手搂丝绦，顺手而下。

后用以比喻进行试探。

《三侠五义》第五十回：（包公）正在思索之际，忽听院内啪的一声，不知是何物落下。包兴连忙出去，却拾进一个纸包儿来，上写着“急速拆阅”四字。包公看了，以为必是匿名帖子，或是其中别有隐情。拆开看时，里面包定一个石子，有个字笺儿，上写着：“我今特来借三宝，暂且携回陷空岛。南侠若到卢家庄，管叫御猫跑不了。”包公看罢，便叫包兴前去看视三宝，又令李才请展护卫来。不多时，展爷来到书房，包公即将字笺与展爷看了。展爷忙问道：“相爷可曾差人看三宝去了没有？”包公道：“已差包兴看视去了。”展爷不胜惊骇，道：“相爷中了他‘拍门投石问路’之计了。”包公问道：“何以谓之‘投石问路’呢？”展爷道：“这来人本不知三宝在于何处，故写此字令人设疑。若不使人看视，他却无法可施；如今已差人看视，这是领了他去了。此三宝必失无疑了。”

这两处投石问路的目的是不同的，但都属于投石问路。在股票市场里，主力经常使用这个招数，来测试散户的态度和关注度。但正是这个招数，才能让我们揪住主力的狐狸尾巴。在威科夫理论当中，投石问路被称为Probe。

马太效应

马太效应是社会学家和经济学家常用的术语，它反映了富的更富、穷的更穷这样一种两极分化的社会现象。出自《圣经》中《新约·马太福音》

里的一则寓言："凡有的，还要加倍给他，叫他多余；没有的，连他所有的也要夺过来。"我们由于不懂得马太效应这种逻辑的存在，很容易忽视事物发展的这种必然阶段。在股票市场上，我们经常会看到这样一种操作模式，即当某只股票开始放量大涨时，不少市场参与者想搏一个短线，却不敢追涨，然后就采取了一个替代方案，选择相同板块、相同题材，各方面条件类似，但股价还没有明显上涨的股票介入，期望获得一个跟风的收益。总体来看，这种操作模式收益不算理想。我们通过马太效应的思维逻辑分析可以看到，如果主力资金介入的是A股票，而跟风资金介入的是B股票，主力是强者，而跟风资金是弱者，主力介入的是A，那么拉高的一定是A，而等着坐轿的人蜂拥在B里面。按照强者恒强的规则，跟风介入A才是正解。

锚定效应

所谓锚定效应，是指当人们需要对某个事件作定量估测时，会将某些特定数值作为起始值，起始值像锚一样制约着估测值。在作决策的时候，会不自觉地给予最初获得的信息过多的重视。

价格标签上的原价数字之所以会影响你的决策，就是因为它在你的脑中起到了锚一样的参照作用。

在《心经》中有这样的句子："心无挂碍，无挂碍故，无有恐怖，远离颠倒梦想，究竟涅槃。"这个挂碍说的应该就是锚定效应。股票价格上有很多可以锚定的，比如发行价格、净资产价格等。还有均价，均线系统的有效性，与锚定效应应该是相关的。

二八定律

帕累托法则（Pareto Principle），也被称为 80/20 法则、关键少数法则、二八法则，是罗马尼亚管理学家约瑟夫·朱兰提出的一条管理学原理。该法则以意大利经济学家维尔弗雷多·帕累托的名字命名。帕累托于1906年提出了著名的关于意大利社会财富分配的研究结论：20%的人口掌握了80%的社会财富。这个结论对大多数国家的社会财富分配情况成立。因此，该法则又被称为80/20法则。朱兰博士在管理学中采纳了该法则，认为在任何情况下，事物的主要结果只取决于一小部分因素。应用到不同的领域后，经过大量的测试检验，证明在大部分情况下，该法则是正确的。那么在股票市场中，二八法则必然也是通行无阻的。我们要知道，20%的交易创造了80%利润。同样地，80%的市场时间是枯燥乏味的，而令人心旌摇荡的牛市只占到市场时间的20%。所以才会有一种说法，叫作牛短熊长。懂得了这个道理，我们才不会对每一笔交易都充满期待，才会对自己大多数的平庸交易泰然处之。

过程重要还是结果重要?

过程与结果哪个重要，这个问题也是公说公有理、婆说婆有理。笔者的意见是过程重要。没有过程就谈不上结果，我们见过没有过程就直接可以蹦出来的结果吗？哪个重要，就是说谁制约谁，那一定是过程制约了结果，谁先谁后一目了然。其实人活着就证明了这个道理，我们最后的结果是一样的，区别就在过程上。那么归结到炒股方面，盈亏的结果由谁来控制？所以最重要的就是过程。

股神是怎样炼成的?

据说某些非正规咨询公司的套路是这样的，100个客户里面，给50个人打电话给出看多观点，另50个人打电话给出看空观点，第二天给看多的50个人打电话，仍是一半一半的看法，如此这般，最后会培养出“死忠粉”，因为每次给的观点都是对的。在客户眼里，遇到的这位一定就是股神。要不为什么说学好数理化走遍全天下呢？自古真情留不住，唯有套路得人心。

随大溜儿永远是错的

一个观点，天然未必是错误的，但为群众所接受，则变成了必定的错误。之所以是这样的结果，是因为金字塔的塔尖容不下很多人，而塔底是可以容下的。笔者的小学老师经常说的一句话就是“给人做分母了”。在动物世界里，食草动物总是群居的，也许是抱团取暖，也许是互相壮胆，但食肉动物通常不会有太大的种群。投资者普遍接受的投资逻辑，经常会被改造成陷阱，因为市场主力需要站在大多数投资者的对立面才能实现自己的意图。那么盈利的秘诀其实非常简单，老话说得好，人多的地方别去。

混合型基金的优势

在大约20年前，笔者问过一个混合型产品的基金经理关于混合型基金的问题。大意是这样的，混合型基金会不会是一种很尴尬的产品，如果股票行情是涨势，有一半的债券拉低了收益水平，而如果股票行情是跌势，又有一半的股票仓位拖累了收益水平。无论行情涨与跌，都很尴尬。那么混合型基金相比其他基金会不会更像“鸡肋”？当时笔者没有得到一个确定的答复，但经过这么多年，笔者终于想通了：当时的设想，是一种典型的纸上谈兵的思路。假定市场是上涨的，或者假定市场是下跌的，其前提条件是你已经知道市场接下来会如何表现。而这一点在现实生活中，是无法确定的。那么在我们不能确定接下来这段时间市场是上涨还是下跌时，在这样设定的前提下，混合型产品的优势才能凸显。在未知的逻辑下，如果上涨，因为有一半股票仓位，产品也能分享到权益市场收益。如果下跌，债券收益可以兜住至少一部分股票下跌的亏损。看点在哪里，完全取决于你是否可以判定未来走势的方向。如果不能，那么混合型产品应该是投资首选。

基金经理就是专职司机

金融行业对于普通大众来说，通常具有神秘感。特别是基金经理，更是仿佛生活在传说当中。但其实，他们的工作性质与驾驶员非常相似，也可以说，在资本市场里面的操作，可以与驾驶汽车类比。在驾驶汽车的过程中，需要观察路况、路标指示、监控仪表盘等。基金经理需要观察证券市场、宏观经济兴衰、上市公司业绩等。公募基金的基金经理，就像公交车司机；私募基金的经理，可以类比出租车司机；自己操作账户的投资者，那就是自驾。一般来说，专职司机的车技要强于普通人，但终身安全行驶似乎也不是人人都能做到。偶尔也会有少数自驾者技艺超过专职司机，而大佬一般会有专职司机，是这样吧。

蓝筹股

在股票市场上，投资者把那些在其所属行业内占有重要支配性地位、业绩优良、成交活跃、红利优厚的大公司股票称为蓝筹股。“蓝筹”一词源于西方赌场。在西方赌场中，有三种颜色的筹码，其中蓝色筹码最值钱，红色筹码次之，白色筹码最差，投资者把这些行话套用到股票上就形成了“蓝筹股”。蓝筹股并非一成不变，随着公司经营状况的改变及经济地位的升降，其排名也会变更。

股债双杀

股债双杀一般会被市场参与者视为利空后市的严重态势。按常规的思维逻辑，股市行情走低，会导致资金抽离股市，如果债市同样走低，说明整个金融市场完全不行。事实上，最近的一次股债双杀，出现在2020年春天的美股市场，结果是形成了一个随后翻倍的阶段性底部。那就说明，股债双杀未必是一种严重的利空态势，相反，很有可能是抄底资金入市的一种表现。因为抄底资金平时不会一直在股票市场中，否则也不能称为抄底资金。但其必然在其他孳息品种中，抄底这种大机会，动用的可能是长期不用的资金，债券市场是一个比较理想的选择，那么当抄底机会到来的时候，大概率不会恰好赶在集中到期的时段，通过二级市场卖出就是最高效的抽离手段。这时，市场参与者从旁观的角度看到的结果，就是股市、债市同时下跌，感觉什么都不可靠，但实际上是大资金在腾挪。我们可以推知，接下来股市将会出现大动作。

戴维斯双杀·戴维斯双击

“戴维斯双杀”是由美国著名的投资人戴维斯总结出来的，也就是估值和每股净利润的双双下滑导致的股价暴跌。炒股，实际上炒的是“预期差”，即一旦公布公司的财报，当公司的业绩增长速度比预期低了的话，便会得到双倍的负面效应。

戴维斯双击这种投资策略是指在低市盈率买入股票，待成长潜力显现后，以高市盈率卖出，这样可以获取每股收益和市盈率同时增长的倍乘效益。

戴维斯双杀与双击，说的就是股价变动的模式，从某种意义上讲，也可以说是墨菲定律在股票市场的具体表现。它们揭示了股价变化的基本规律：当需求出现时，戴维斯双击的存在让我们必须考虑过热的存在；当供应出现时，戴维斯双杀的结果必然会产生低估。双击与双杀告诉我们估值变动叠加预期所达到的效果，从而避免了我们经常会遇到的某些问题，例如我觉得跌得可以了，价格很合理了，结果进场被套；觉得涨得有点高了，担心会不会回调，结果卖出后才是大涨。

射击——有意击发无意枪响

老教员给新兵讲解的射击命中的要领是："有意击发，无意枪响。"意思是瞄准时要全神贯注，而在扣动扳机的那一刻，要是无意识的，这样射出去的子弹才会有效地击中目标，达到"人枪合一"的效果。"无意枪响"就是需要具有看淡击发效果的平和心态，在那种心态下，要做的是缓缓在扳机上加力，随时调整瞄准状态，边瞄边扣，不去期待枪响，也不考虑命中。

这个射击要领非常适合运用在炒股上。很多市场参与者买了股票之后，如果没有立即上涨，就会焦虑，担心自己买错股票或者错过波段。所以主力的手段，一个是砸一个是拖，通常都能收效。"有意击发无意枪响"的心态放在股票市场操作上，可以平抑焦虑。

冲锋枪打靶

笔者曾经跟一些退伍军人聊起打靶，他们说在使用冲锋枪连发打靶时，应该先瞄准靶子的下边，然后扣动扳机。因为枪支在发射子弹时会产生后坐力，导致枪口上抬。如果开始时瞄准的是靶心，那么最后会发现弹着点只在靶子的上半部分，而且很多子弹会脱靶。而瞄准靶子下边时，在靶子上留下的弹着点上下都有，打靶成绩会好得多。笔者发现这件事情对理解主力建仓有很大帮助。大资金建仓数额较大，持股数量较多，周期也长，因此可以类比连发射击，不可能是一个"弹着点"，因此才会有左侧建仓之说。这样来看，我们可以把最低价这个分水岭当成靶心，左侧建仓区就是靶子的下边，右侧建仓区就是靶子的上边。主力连续射击发射子弹，就不会是出现了最低价格之后才发生的。对主力行为理解得越深刻，对我们提高研判与操作水平越有帮助。

扮猪吃老虎

扮猪吃老虎的核心要旨就是示弱，如今有一句话叫作“高明的猎手通常是以猎物的形象出场的”，说的大概就是这个意思。笔者经常给身边的小伙伴儿灌输一种想法，把自己投资的一百万元设想成一百亿元来考虑。一旦有大笔资金买入某只股票的结果是什么？跟风盘立即出现。那么同理，有大量股票卖出会是什么样子？小散跑得更快。然则大资金会怎么办？用电影《地道战》中的经典台词形容，就是“悄悄地进村，打枪的不要”。如果掩饰不了自己的操作，那就尽量把水搅浑，震仓洗盘是标配。假作真时真亦假，真真假假，虚虚实实，让跟风者搞不清楚状况。所以在市场里，老股民才总结出一条规律，碎阳慢升才是强势，而放量拉大阳很有可能是多头陷阱。

有句歇后语“猪鼻子插大葱——装象”，它和咱们说的这个“扮猪吃老虎”恰好是反过来的。但不管怎么说，二者所讲的意思，都是试图让对手产生误判。理解了这一点，什么《孙子兵法》呀，《三十六计》啊，就全都融会贯通了。这一小节就是全书的重中之重，如果学会了扮猪吃老虎这个要领，那我们这本书所要教授的课程也就终结了。

假寐——狼的诱惑

一屠晚归，担中肉尽，止有剩骨。途中两狼，缀行甚远。屠惧，投以骨。一狼得骨止，一狼仍从。复投之，后狼止而前狼又至。骨已尽矣，而两狼之并驱如故。屠大窘，恐前后受其敌。顾野有麦场，场主积薪其中，苫蔽成丘。屠乃奔倚其下，弛担持刀。狼不敢前，眈眈相向。少时，一狼径去，其一犬坐于前。久之，目似瞑，意暇甚。屠暴起，以刀劈狼首，又数刀毙之。方欲行，转视积薪后，一狼洞其中，意将隧入以攻其后也。身已半入，止露尻尾。屠自后断其股，亦毙之。乃悟前狼假寐，盖以诱敌。狼亦黠矣，而顷刻两毙，禽兽之变诈几何哉？止增笑耳。

这是部编版七年级上册《语文》教材中，节选自蒲松龄《聊斋志异》的一篇短文。从我们的视角观察，描写的是屠夫与狼的攻守转换，斗智斗勇。作者评论，“禽兽变诈”“止增笑耳”，其实也是一种幸存者偏差。有点儿像一个运气爆棚的散户，从主力嘴里抠出肉吃。这在股票市场里，虽然时常出现，但并非惯例。我们想告诉大家的是，连狼这种动物，都晓得使用计谋来对付人类，那么在适用丛林法则的股票市场里，市场主力的所作所为是否会慈悲为怀、救死扶伤呢？或者说，市场主力个个都是傻白甜，专门等着给散户送钱呢？还是说，市场主力凶残狡诈、诡计多端远超狼呢？在股票市场里，到底谁会是“止增笑耳”的那一个？这是个值得思考的问题。

一不做，二不休

唐代赵元一的《奉天录》卷四记载，唐代张光晟随朱泚叛乱，败后，光晟杀朱泚，向前来征讨的大将军李晟投降，最后仍难逃死罪。受刑前云：“传语后人，第一莫作，第二莫休。”这句话的本意为一不要兴风作浪，二不要改弦更张。前者无为，后者守常。现指做事果断，既然做了就要做到底。在股票市场里，经常会面临一个非常艰难的选择，到底是应该坚持下去，还是应该承认错误，改变立场？两种选择所依据的理由似乎都很充分，但后者貌似更有说服力，或者说，作出前一项选择可能面临的压力会更大。

举一个时间比较近的例子，在2021年春节前，笔者遇到了一个难题。

在2020年底，笔者预计上证指数将会在3550点的水平见顶，因此建议客户在3550点附近做减仓及清仓处理。结果2021年春节前最后三个交易日大盘连续上涨，气势如虹，节前收于3655点，超出预期100点以上，节后首日更是冲高3731点，超出预期近200点。当时的情形，就是典型的艰难抉择：到底是应该坚持既有判断，还是应该翻多追入？在当时的市场氛围中，普遍的乐观情绪蔓延，想要坚持见顶的看法顶住的是巨大的压力，因此笔者才经常说，踏空比套牢难受一万倍。但是节后行情是逐级走低的，坚持不追的结果是正确的。每当我们面临巨大压力的时候，最需要思考的问题就是当初作出判断而进行选择的理由是否健在，有没有发生改变？如果没有改变，依然成立，那么不管环境如何复杂、局势如何不利，都必须坚持。股票市场里有句话叫作“市场沿阻力最小方向前进”，因此走势通常是曲折反复的。同时我们恰好捕捉到市场拐点的概率也不太可能很大，那么在我们作出判断后，市场短时期内没有朝预期方向发展很有可能就是一种常态。如是则应该把坚持作为首要选择。这就是“二莫休”的含义。

唐朝叛将已经被作为反面教材的经典案例给了我们启示。在市场中，一个人的崩溃不会仅仅是一次打击，通常会在遭受双重打击之下出现。例如，在2021年初卖出之后市场继续上涨，尽管内心万般惋惜，但这并不能算作错误，还可以做考虑和选择。如果接下来在买进高潮中翻多追入，然后惨遭套牢，这时才是基本锁定错误。踏空后套牢即为双重打击，相当于打完左脸打右脸，操作自信已经灰飞烟灭，这时整个人处在行尸走肉的状态，已经不会思考了，感觉自己怎么做都是错误的，市场的残酷性此时展现得一览无余，亏钱“割肉”这种肉体上的打击其实是次要的，主要的是精神上的摧残。没有经历过的市场小白可能无法理解，这就是有些高学历、高素质的基金经理会得抑郁症的真实原因。而防止遭受市场打击而崩溃的基本方法，就是这句成语：一不做，二不休。

卖拐

2001年春晚赵本山、高秀敏和范伟主演的小品《卖拐》是一部经典之作。其中赵本山扮演的大忽悠，其实思路非常适合炒股。按高秀敏的介绍：

> 听说人家买马，就上人那卖车套；听说人家买摩托，就上人那卖安全帽；听说人家失眠，就上人那卖安眠药；听说人家……

看看人家大忽悠这个套路，整个就是一个预判了你的预判，不当基金经理都可惜了。交易成功的奥秘在于卖方能够找到需求并给予满足。在股票市场里我们经常听说一句话，叫作“会买的是徒弟，会卖的才是师父”。在日常交易过程中，笔者也经常会遇到投资者提出的一个共性问题，自己买的股票基本面啊，业绩啊，各方面都不错，为什么不涨？其实就是这个原因，自己就是那个被别人预判的需求。

旱天买船

有很多人问过笔者，说当前经济形势不好，是不是不能进入股市？笔者反问，如果股市是经济的晴雨表，那么是不是经济形势不好的时候，股市也处于低位，而经济形势好转的时候，股市会处于高位？回答确认之后，笔者继续反问，买卖股票获利是不是通过低买高卖实现的？这时，提问的人基本上就意识到了自己思维上存在的误区。《国语》这部书中有一句话：“贾人夏则资皮，冬则资絺，旱则资舟，水则资车，以待乏也。”这是2500余年前，越王勾践伐吴失败，被吴王夫差围困在会稽山，问计于大夫文种时得到的回答。文种告诉勾践，商人做生意需要提前预备，夏天储备皮衣，冬天储备细葛布衣，天旱的时候买船，下雨天造车，而为政治国用兵也是如此。我们的看法是，这个理论在投资中也是一样的，面对极低的市场估值时，许多投资者会表现出许许多多的忧虑。当这些风险全部消除时，股票一定不会再有现在的低价格，这好比下雨的时候想买伞，地铁口卖的伞一定不便宜；在人多的景点打车一定不好打；在夏天买流行的裙子价格一定不优惠；在华灯初上的时候去闹市的餐厅吃饭大多要排队。对于热热闹闹、人声鼎沸的板块，估值一定不在低位了，你再冲进去能不能抢到肉不好说，搞不好连口汤都喝不上，还得给前面的食客买单。

海妖的歌声

公元前8世纪末的荷马史诗《奥德赛》中记载了一段海妖的故事。海上的女妖居住在位于喀耳刻所居的海岛和斯库拉的住地之间的海岛上。特洛伊战争的希腊英雄之一奥德修斯，在战争结束后与同伴回国，途中经过海妖居住的岛屿，奥德修斯听从了喀耳刻女巫的建议，谨慎防备。船还没到能听见歌声的地方，奥德修斯就令人把他绑在桅杆上，并吩咐手下用蜡塞住他们的耳朵。还告诫他们，通过死亡之岛时不要理会他的命令和手势。不久死亡岛邻近，奥德修斯听见了迷人的歌声，他拼命挣扎着要解除束缚，并叫喊着要驶向正在唱歌的海妖姐妹，但没人回应他。海员们驾船一路向前，直到再也听不到歌声了，他们才给奥德修斯松绑，并把他们自己耳朵中的蜡取出来。

古龙说，“烈酒最香，毒花最美”。凡是吸引人的东西，都需要人付出代价。在股票市场里，散户最喜欢的东西，在很多情况下，都是主力编造出来引诱散户上当的。在《盘口解读技术》一书中提到过一种卖出方法，就是界定陶醉行情。其实中国的文字，在当初创造的时候，也给予过暗示，比如，“爱”就是“碍”，“好”就是“耗”。

嫌货才是买货人

俗话说，褒贬是买主，喝彩是闲人，嫌货才是买货人。越是大买家，越不想暴露自己的真实意图，数落这玩意儿的各种缺点，绝不是为了痛快嘴，铺垫了这么多类似“你这啥破玩意”的话，难道是为了上门吵架吗？最后一定是要落实在“便宜点儿”这个点上。这话放在股市一样成立。君不见很多人对开锣仅30余年的A股市场指指点点，言必称国外市场成熟云云。其实主要目的是打压持股信心，低价收集。明白了这个道理，投资者才不会因为“专家”意见而焦虑，甚至可以平心静气地看表演，到精彩处还可以配合着鼓个掌。

成功学三大定律

荷花定律

荷花第一天开放的只是一小部分；第二天，它们开放的数量会是第一天开放的两倍。到了第三十天，荷花就开满了整个池塘。你知道什么时候荷花开了一半吗？很多人会认为是第十五天，然而并非如此！到第二十九天时荷花才仅仅开满了一半，直到最后一天才会开满另一半。最后一天的速度最快，等于前二十九天的总和。

竹子定律

竹子在前四年只能长3厘米，这3厘米还都深埋于土下，等到第五年才破土而出，然后以大约每天30厘米的速度疯长，六周时间就能长到15米左右。

金蝉定律

幼蝉猴，学名蝉若虫，要先在地下暗无天日地生活三年，靠吸取树木的汁液为生，一千个日夜的寒暑磨炼，地气侵袭，更需忍受各种寂寞和孤独。在仲夏的某个夜晚，一点点爬到树枝上，一夜之间蜕变成知了，然后期待太阳升起的那一刻，它就可以振翅飞向天空、冲向自由。变成一只真正的知了，这时它的生命迎来了巅峰：在夏日刺眼的阳光中，知了迎着强光不知疲倦地鸣叫，好像要弥补过去几年的黑暗岁月。

很多市场参与者达成的共识，其中一点就是中国股市牛短熊长。我们看成功学的这三个定律，都是在告诉我们，准备阶段总是漫长的，这很正常。蓄势的时间会是拉升时间的几倍，这属于常态。中国股市问世的时间不过三十几年，在笔者看来，其一直处于超大规模的蓄势过程，真正的涨势远未到来。我们可以将一百年前的美股作为对照。

观察者效应

广义上指我们几乎没办法不影响我们观察的事物——只不过是程度不同而已。被观察者一定会被观察者影响，在作出选择或者判断时，很容易因观察与否而影响结果。观察者效应属于相对论范畴的一个说法，但我们发现，股市确实是一个比较神奇的领域，很多物理学方面的研究成果可以在此得到广泛应用。对于市场来说，我们这些参与者必然是一个观察者，因此观察者效应也必然在股市中存在。我们所作出的所有努力，也或多或少地影响了走势。

刘备的遗教

三国蜀汉开国皇帝刘备去世前给其子刘禅的遗诏中，有这样一句话：“勿以恶小而为之，勿以善小而不为。”目的是劝勉刘禅进德修业，有所作为。不要因为好事小而不做，更不能因为坏事小而去做。小善积多了就成为利天下的大善，而小恶积多了“足以乱国家”。中国古代有句话叫作：“人之将死其言也善。”一般来说，遗言是人一生经验总结的精华。“勿以恶小而为之，勿以善小而不为”这句话，很多人知道却没做到。特别是在股票市场上，对于一笔交易，有人可能觉得赚不了多少钱而不去做，或者觉得赔不了多少钱而随意建仓，这都是非常错误的。因为习惯的力量是巨大的，我们在意的不是这一笔交易的盈亏结果，而是要通过一次次的操作培养自己的交易习惯。

闷声发大财

闷声发大财是指不说话、不张扬却能够较好地保障自己的利益。也可解释为避免让别人知道自己在做什么，避免让别人看到自己赚得的利益而眼红、妒忌或者羡慕。西方也有一句类似的古老谚语：“要比他们聪明，但不要让他们知道。”炫富只能拉仇恨，在投资机会出现之前，怎么可能让它尽人皆知呢？那么尽人皆知的投资机会，到底是馅饼还是陷阱呢？

贵人话语迟

子曰：“君子欲讷于言而敏于行。”贵人话语迟意思是尊贵的人往往在最后才开口发言，这样的人在行动上很敏捷，在语言上却显得很笨拙。很多人理解为其意在强调说话前要仔细考虑，是三思而后行的道理。但笔者的理解是，行动要快，但下判断时要慢。“贵人话语迟”与“闷声发大财”这两句话相得益彰。有人生怕自己这样做会错过表现机会，那是境界没到。

财不入急门

所谓“急”就是“快”，也就是赚快钱，马上要有收益的那种。“财不入急门”这句话很容易理解，就是说赚钱不能求快，要踏踏实实，脚踏实地。如果一心想要赚快钱，反而可能会越拖越久。而且，越想要赚快钱，就越容易掉进别人的圈套。诈骗之所以能屡屡成功，就是骗子抓住了人们想要赚快钱、贪便宜的心理。若天不得时，则日月无光；地不得时，则草木不生；水不得时，则风浪不平；人不得时，则利运不通。股票的运作需要时间，股票的上涨需要时机，想赚钱要耐心等待风口的到来。

理论篇

赌博心理学

赌博十大戒律：

（1）输不起。

如果你是一个喜欢赌博的人，但输钱后会感到不安或严重影响情绪，就不要赌，因为赌博总会有输赢。

（2）不懂的赌戏不赌。

知己知彼，百战百胜。虽然赌博不可能百胜，但如要百战就必须了解对手。赌博中最重要的是要知道参与赌戏的收益率和正确的策略，不参与陌生的赌戏和不同于常规的赌戏。

（3）别相信直觉。

任何赌博游戏都已被人们用数学模型精密地计算过，庄家绝对占优。所以，长期参与的话，是绝不可能凭灵感获胜的；收益率大于0是赌博心理学、资金的管理和资金的效率等有效应用的前提。

（4）长策略、短运气。

赌一把的只靠运气，但在数学上也是赌场占优；如果你打算长期作战，必须先知道正确的策略，否则只有输路一条。

（5）制胜口诀。

赌博讲究策略和注码的运用，赢了固然要走，输了也要懂得走，时间控制是取胜之道。制胜的口诀是忍、等、稳、狠、滚。

（6）永远当赌博是娱乐。

赌博的动机应该是娱乐，尽量减轻赌博过程中的压力，不管是输还是赢，始终以平和的心态对待赌博的结果，保持头脑清醒，以免作出冲动的决定。

（7）别两面下注。

例如，赌二十一点就不要买保险，不应在赌博中为减少风险而增加注码，如果你那么害怕输，先考虑清楚是否适合赌博。

（8）世上没有系统能够打败概率论。

世界上没有一种方法可以打败纯概率的赌博，短期投注可以靠运气，长远来说不可能抵挡概率的侵蚀，收益率说明了一切。

（9）赔率高，利润高。

在一些赔率特别大的赌戏项目中，如百家乐中的“和”，赌场的利润往往是最高的；在有奇高赔率的六合彩中，庄家的利润更是大得出奇。

（10）没赌胆，不可能在赌桌上生存。

有很多朋友赌钱都抱着这样一种心态——赢就缩、输就冲，故只有输大钱的机会，没有赢大钱的可能。如没有赌胆，你根本就不应该玩。收益率大于0是所有赌胆的依据，在一种情况下应该没赌胆，就是在收益率小于0时，要连玩的胆量都没有。

五种赌博心法是忍、等、稳、狠、滚。

忍，就是要有在赌场内的忍耐能力，要做到无优势不赌，无信心不赌，无运不赌，要记着“忍”。在忍无可忍时，再忍一忍，把庄家风头很盛的时候忍过去。

等，就是要等有信心的时候。信心来自对收益率的准确了解，经验可以帮你分析，冷静的情绪可以帮你作决定，思考凌乱时最不适宜下注。等到收益率大于0的时刻，就可以下注或下大注，一定要等、等、等，等待我们占优、风头很盛的时候到来。

稳，就是要安稳、稳定，不随便下注，掌握好下注的节奏。原因是这样做可以保留本钱实力，有运时可以大注出击，作为翻本之用，道理是一万元赢一千元要比一千元赢一千元容易得多。

狠，就是下注要够狠。收益率为正时下注要狠，收益率为正而又连赢时下注要更狠，不要错过过三关的机会，因为赌钱不可能每局都赢亦不会每局都输，所以要把握时机，有条件时就一定要狠。

滚，就是赢钱时要做到及时离开赌场，输钱时要意识到得离开赌场。留得青山在，不怕没柴烧。无论你带多少钱去赌场，绝不可能有赢了一个赌场回来的事，所以在适当的时候一定要懂得放手，下次再来，最好能够控制到赌十局或赌一局都可以走，当然未赌过也可以离开。

乌合之众——群体心理学

“‘群体’一词是指聚集在一起的个人，无论他们属于什么民族、职业或性别，也不管是什么事情让他们走到了一起。”“群体”与“大众”表示的含义相同，强调的是一群人的集合。这是1895年出版的社会心理学著作《乌合之众：大众心理研究》给出的定义。这本书由法国社会心理学家古斯塔夫·勒庞创作，他在书中细致地描述了群体心理的一般特征，分析了人们在群聚状态下的心理、道德、行为特征，解释了为何群体往往呈现出“盲目”“冲动”“狂热”“轻信”等特点。可以说，处于群体中的个人都将自己的情感与思想融入群体中，个体的差异从而被隐藏、模糊。群体的共同意志润物无声般地取代了个人意志，使个体在无意识的自觉状态下顺利完成从外物到内化的转变，这就形成了群体无意识行为。群众聚集时往往会情绪高涨，使个人的感情不分青红皂白地归顺集体思想，从而不自觉地进入集体意识中，群体行为脱离理性的最明显体现就在于群体的无意识行为代替了个人的有意识行为。

群体行为社会心理特点可以总结为三点：心理趋同、情绪感染、心理暗示。在群体中，具备足够强大的能力来抵挡情感暗示的人寥寥无几，因此易于在趋同的洪流中迷失。

结合《乌合之众：大众心理研究》的相关内容，我们可以将群体行为的社会心理特点分为以下几点：

第一，冲动与多变。当面临问题时，群体通常不会做预先的策划安排，危机出现时往往会情绪压倒理性、盲目冲动代替思考，被群体裹挟。

第二，易受暗示和轻信。勒庞指出，群体成员彼此间通过暗示、情感传染等加快了无意识个性的显现，人们立即将接受暗示的思想外化为自身行为趋向。

第三，情绪的夸张与单纯。勒庞认为，虽然群体中的个体表达出来的感情各有不同，但普遍极为简单而荒诞。

第四，偏执与专横。群体中的个人会表现出明显的从众心理，在心理学范畴又被称为匿名状态，个体借助“数量即正义”之名行不负责任之实，被勒庞称为“群体精神统一性的心理学定律”，最易滋生出如教条主义、摒弃责任、顽固偏执的心理。

我们如何来解释股票市场很多荒谬的决策？研究大众心理，或者称为群体心理的表现可以得出合理的论断。群体最明显的特征之一，就是智商直线下降，原因在于无法独立思考，从众。在股票市场中，我们必然会有多空立场的选择，但无论怎样选择，结果都是市场参与者站在其中一方，这时，或者多方，或者空方，来自四面八方的素不相识的投资者，自然而然地会聚成了一个群体。接下来，个体的思维逻辑失效，取而代之的正是这种群体心理。因此，想要摆脱群体心理的控制，首先需要认识到这个过程。如果对自己必将身陷其中无从知晓与察觉，其结果只能是随波逐流。

博弈论

博弈论是指研究多个个体或团队之间在特定条件制约下的对局中利用相关的策略，而实施对应策略的学科。有时也称对策论，或者赛局理论，是研究具有斗争或竞争性质现象的理论和方法。它是应用数学的一个分支，也是现代数学的一个新分支，更是运筹学的一个重要学科。目前在生物学、经济学、国际关系学、计算机科学、政治学、军事战略和其他很多学科都有广泛的应用。主要研究公式化了的激励结构（Incentive Structure），即游戏或者博弈间的相互作用。

博弈论考虑博弈中个体的预测行为和实际行为，并研究他们的优化策略。表面上不同的相互作用可能表现出相似的激励结构，所以他们是同一个游戏的特例。其中一个较为著名的应用范例是囚徒困境悖论（Prisoner's Dilemma）。

具有竞争或对抗性质的行为成为博弈行为。在这类行为中，参加斗争或竞争的各方，各自具有不同的目标和利益，为了达到各自的目标和利益，各方必须考虑对手各种可能的行动方案，并力图选取对自己最为有利或最为合理的方案。比如，日常生活中的下棋、打牌等。博弈论就是研究博弈行为中斗争各方是否存在着最合理的行为方案，以及如何找到这个合理的行为方案的数学理论和方法。

毛选

《中国社会各阶级的分析》

谁是我们的敌人？谁是我们的朋友？这个问题是革命的首要问题。中国过去一切革命斗争成效甚少，其基本原因就是不能团结真正的朋友，以攻击真正的敌人。

一切勾结帝国主义的军阀、官僚、买办阶级、大地主阶级以及附属于他们的一部分反动知识界，是我们的敌人。

《论持久战》

第一个阶段，是敌之战略进攻、我之战略防御的时期。第二阶段，是敌之战略保守、我之准备反攻的时期。第三阶段，是我之战略反攻、敌之战略退却的时期。

所谓“唯武器论”，是战争问题中的机械论，是主观地和片面地看问题的意见。我们的意见与此相反，不但看到武器，而且看到人力。武器是战争的重要因素，但不是决定的因素，决定的因素是人不是物。力量对比不但是军力和经济力的对比，而且是人力和人心的对比。

亡国论者看重了强弱一个矛盾，把它夸大起来作为全部问题的论据，而忽略了其他的矛盾。他们只提强弱对比一点，是他们的片面性；他们将此片面的东西夸大起来看成全体，又是他们的主观性。

速胜论者则不知道战争是力量的竞赛，在战争双方的力量对比没有起一定的变化以前，就要举行战略的决战，就想提前到达解放之路，也是没有根据的。其意见实行起来，一定不免于碰壁。

游击战

朱总司令与毛主席将红军游击战的作战原则概括为著名的“十六字诀”。这就是：敌进我退，敌驻我扰，敌疲我打，敌退我追。

“十六字诀”是游击战的基本原则。它把进与退、走与打、攻与防有机地结合在一起，在敌强我弱的情况下趋利避害、避实击虚，是灵活机动地消灭敌人与保存和发展自己的有效方法。后来，红军的作战原则乃至人民军队的作战原则，都是由此发展起来的。

红军之所以能够以弱胜强，关键是善于在战争中总结规律，形成了一套行之有效的作战原则。这就是依托根据地，诱敌深入，慎重初战，集中兵力打运动战、速决战、歼灭战。

炒股也跟打仗一样，要动脑筋，讲求方式方法，一点一点地积累知识，一步一步地建立自己的操作模型。

易经乾卦

《易经》阐释的是万事万物变化的运行规律，其中《乾卦》揭示了天道的运行规律，其中的六爻，分别可以代表股票市场运行转变的位置：

《乾卦·上九》："亢龙有悔。"

《乾卦·九五》："飞龙在天。"

《乾卦·九四》："或跃在渊，无咎。"

《乾卦·九三》："夕惕若厉，无咎。"

《乾卦·九二》："见龙在田。"

《乾卦·初九》："潜龙勿用。"

这里我们按六爻从上到下的顺序来排列，然后按从下到上的顺序来说明。初九的"潜龙勿用"，大有深意，市场参与者往往在第一条这里就铸成大错。大家最喜欢的一件事，叫作抄底。在行情尚未启动的阶段，过早介入，就是没有考虑到"潜龙"是要"勿用"的。因此实际上按照《易经》的指导，九二的"见龙在田"才是开始介入的好时机。但接下来就睡不着觉了，忧心忡忡导致严重失眠。这就是九三的状态"夕惕若厉"，但结论是"无咎"，担心是多余的。不过，考验总归是要有的，九四的"或跃在渊"，说的是退步原来是向前。从九二发展到九三，再进一步到九四，是递进的状态，但市场参与者的体验感是非常差的，没有感觉到进步，而"或跃在渊"，表明有时候会有深幅调整出现，但结论还是"无咎"。而且这个深幅调整，反倒是孕育了九五这种"飞龙在天"的狂飙行情。行情总在欢乐中结束，因此过分表现的"亢龙有悔"，与"潜龙勿用"正好是一对儿。

阳明心学——致良知与知行合一

致良知是阳明心学的主旨。良知，语出《孟子·尽心上》："孟子曰：

人之所不学而能者，其良能也；所不虑而知者，其良知也。孩提之童无不知爱其亲者，及其长也，无不知敬其兄也。亲亲，仁也；敬长，义也；无他，达之天下也。”由此可以看出，良知其实就是根本智、先天智，而不是后得智。致良知，意思是回归根本智。

知行合一，就是智行合一，知道并能够做到。我们简单理解阳明心学就是两个前后相连的步骤，首先是致良知，其次是知行合一。在股票市场上，我们整天“追涨杀跌”焦头烂额，渐渐迷失自我，这时最需要的是致良知，摆脱种种困扰和诱惑，回归本源，恢复本能。但这仅仅是完成了一半任务，只有接续完成后一半任务，阳明心学的修炼方得圆满。后一半任务就是知行合一，是最难的，很多基金经理在分享自己的体会时，也曾提到知行合一的问题。知道不等于做到，做不到等于不知道。很多市场参与者的懊悔，并非因为决策错误。有句话叫世界上最让人痛惜的事情，不是做错，而是我本可以。如果做不到，超出自己能力范围，没有做也无所谓，但能做而因顾虑重重没有做，结果错失良机，就是没有做到知行合一。比如，技术系统发出买入信号，但这时市场上又出现了重大利空消息，思前想后，瞻前顾后，最后选择了观望，这种情况屡见不鲜。因此才会重点强调阳明心学的知行合一的问题。

生于忧患，死于安乐

我们的课本上有一篇文章，节选自大家都很熟悉的《孟子·告子下》：舜发于畎亩之中，傅说举于版筑之间，胶鬲举于鱼盐之中，管夷吾举于士，孙叔敖举于海，百里奚举于市。故天将降大任于是人也，必先苦其心志，劳其筋骨，饿其体肤，空乏其身，行拂乱其所为，所以动心忍性，曾益其所不能。人恒过，然后能改；困于心，衡于虑，而后作；征于色，发于声，而后喻。入则无法家拂士，出则无敌国外患者，国恒亡。然后知生于忧患而死于安乐也。

生于忧患而死于安乐，对于股票市场的行情来说，是非常发人深省的论断。一个没有任何瑕疵、满满利好的股票，唯有下跌一途。这不正是所谓“入则无法家拂士，出则无敌国外患者”吗？而利空频出的股票，往往演变成超级大黑马。原因是动心忍性、苦其心志，然后会天降大任。同样地，对于参与股票交易的人来说，一帆风顺的场景几乎是不存在的，交易的生活与平常的生活，如同云泥。同样的时间内，交易者所遭受的市场的摧残数倍于普通人。归根结底，在于人恒过，人总是不断地在犯错。但更重要的是，人有能力改正错误，不断地犯错误，更要不断地改正错误。“困于心，衡于虑”是需要达到的标准，心里安定，心态平衡，想法切合实际，目标不高不低。然后才准备出手。孟子作为“亚圣”，如果穿越到现代，参与股票交易，也必然是高手。

道德经

明道若昧　进道若退

如果你觉得你已经看懂了走势，其实非常有可能是误读。看起来要上涨的走势，可能出现下跌的结果；而看起来要下跌的走势，可能出现上涨的结果。

对于个体的成长来说，也会经常遇到这种境况。笔者自己以及遇到的一些小伙伴儿，每隔一段时间就会出现思维紊乱的情况，忽然觉得自己什么也不会了，什么也看不懂了，什么也想不明白了。最初遭遇这种状态的时候，会很担心。但接下来发现，大约一个月之后，自己的境界会出现一个飞跃，上升到一个新层次。只有打破旧秩序才能建立新秩序，在新旧交替过程中，多半会有一个真空期，这时反而会感觉自己什么也不是了。但这正是大踏步前进的信号。

抗兵相若，哀者胜

盘局中看起来力量偏弱的一方会取得胜利。大的挂单出现，多数情况下意味着行情会朝相反方向发展。

《孙子兵法》讲到“十则围之，五则攻之，倍则分之，敌则能战之，少则能逃之，不若则能避之。”意思是，如果兵力在对方一倍以上才考虑采取攻势，否则取胜的难度很大。唐末安史之乱中，哥舒翰被朝廷催促与叛军决战而被俘，失败其实已是注定的结局。因此我们应该考虑到，当双方势均力敌的时候，采取守势的一方反而有较高的胜算。

大军之后必有凶年

暴涨过后总是伴随暴跌。没有充分的时间和空间的调整，最好别碰。日常生活中也会有相应的案例说明，比如不应期。

金玉满堂莫之能守，物壮则老天之道也

上涨行情不会永远持续，主力只有出完货才算真正赚到了钱。盛极必衰是自然规律。

人之所畏不可不畏

大家都回避的问题，不要迎难而上。空手接飞刀这种活计，就算艺高人胆大，也应该尽量避免。

知止不殆可以长久

不要指望自己能卖在最高，行情出现不稳定迹象就要选择退出。

上士闻道勤而行之，中士闻道若存若亡，下士闻道大笑之，不笑不足以为道

最上等的人听说了道理，会经常应用；中等的人听说了道理，有时候会

应用，有时候不会应用；最下等的人听说了道理，会经常嘲笑，他不嘲笑的东西，不配被称为道理。

反者道之动，弱者道之用

道的动力用在使之返，道的功力用在使之弱。

孙子兵法

兵者，诡道也。故能而示之不能，用而示之不用，近而示之远，远而示之近。

兵法就是诡变之道。所以有能力要表现得没能力，需要就表现得不需要，想攻击近处就表现得想攻击远处，想攻击远处就表现得想攻击近处。咱们反反复复地讲这个核心逻辑，就是扮猪吃老虎。

投之亡地然后存，陷之死地然后生。

《三国演义》总结成一句话就是置之死地而后生。主流的解释是军队处在绝地、死路上，士兵才会拼命作战以求得生存。这是误解。因为作战也是一种博弈，在旗鼓相当的条件下，出其不意、攻其不备才有取胜的机会。马谡就是误读了这句话才失掉街亭的，士兵在没有水的绝地没有选择死战，而是崩溃。而项羽当时背水一战的情况是，要么被水淹死，要么战死，与等死的结果相比选择战还有一线生机，没有投降和逃跑的选项。因此这句话不是说要自己找死，它和让猫吃辣椒是一个思维逻辑。

三十六计

三十六计是中国古代兵家计谋的总结和军事谋略学的宝贵遗产，按计名排列，共分六套，即胜战计、敌战计、攻战计、混战计、并战计、败战计。

前三套是处于优势所用之计，后三套是处于劣势所用之计。每套各包含六计，总共三十六计。其中每计名称后的解说，均系依据《易经》中的阴阳变化之理及古代兵家刚柔、奇正、攻防、彼己、虚实、主客等对立关系相互转化的思想推演而成，含有朴素的军事辩证法的因素。解说按语，多引证宋代以前的战例和孙武、吴起、尉缭子等兵家的精辟语句。有学者在三十六计中每取一字，依序组成一首诗：

金玉檀公策，借以擒劫贼，

鱼蛇海间笑，羊虎桃桑隔，

树暗走痴故，釜空苦远客，

屋梁有美尸，击魏连伐虢。

全诗除了檀公策，大约每字代指三十六计中的一计，依序为：金蝉脱壳、抛砖引玉、借刀杀人、以逸待劳、擒贼擒王、趁火打劫、关门捉贼、浑水摸鱼、打草惊蛇、瞒天过海、反间计、笑里藏刀、顺手牵羊、调虎离山、李代桃僵、指桑骂槐、隔岸观火、树上开花、暗度陈仓、走为上计、假痴不癫、欲擒故纵、釜底抽薪、空城计、苦肉计、远交近攻、反客为主、上屋抽梯、偷梁换柱、无中生有、美人计、借尸还魂、声东击西、围魏救赵、连环计、假道伐虢。

第一套　胜战计

处于绝对优势地位之计谋。君御臣、大国御小国之术也。亢龙有悔。

这六套计策，按照《易经》乾卦的六爻爻辞分别给予了提示，详情可以参考前面内容。大国对小国按理具有绝对优势，为什么还要使用计谋？按《道德经》的讲法是大邦者居下流，按《孙子兵法》的讲法就是能而示之不能，示弱，以达到扮猪吃老虎的效果。在股票市场中，主力通常采用的手段在胜战计里面都有集中体现。

第一计　瞒天过海

本指光天化日之下不让天知道就过了大海。形容极大的欺骗和谎言，什么样的欺骗手段都使得出来。

这一计其实是最简单的套路，就是当面一套背后一套，表里不一。看看美国在处理中美关系时的做派就知道了。在股票市场上比较典型的是拉高出货。

第二计　围魏救赵

本指围攻魏国的都城以解救赵国。现借指用包抄敌人的后方来迫使它撤兵的战术。

这是一种变被动为主动的计策，别人攻击你哪里，你就救援哪里，容易被别人牵着鼻子走，更容易被围点打援。应对中美经贸摩擦，中方的策略是沉着应对、以我为主。

第三计　借刀杀人

比喻自己不出面，假借别人的手去害人。

在中美经贸摩擦中，特别是科技战中，美国联合日本、韩国等盟国一起对中国进行技术封锁。在股票市场上，借助利空消息进行洗盘。

第四计　以逸待劳

指作战时不首先出击，养精蓄锐，以对付从远道来的、疲劳的敌人。

在股票市场上比较常见的是提前布局，待利好消息公布出货。

第五计　趁火打劫

本指趁人家失火的时候去抢东西。现比喻乘人之危，捞一把。

中兴通讯被美国制裁后，股价连续几次跌停，但之后出现大涨。股谚所说的“街头溅血，伺机买进”就是这个道理。

第六计　声东击西

指表面上声言要攻打东面，其实是攻打西面。军事上使敌人产生错觉的一种战术。

即孙子兵法所讲的“近而示之远，远而示之近”。

在波段行情中，领涨板块通常不是最先表现出强势的那一个，而往往是第二甚至是第三批次才表现出强势的板块。

胜战计的核心逻辑，就是在我方优势的局面下，对手已经做好了防范，我方采取的策略就是让敌方失去防范或防范失误。

第二套　敌战计

处于势均力敌态势之计谋。或跃于渊。

在股票市场上，处于绝对优势的情况其实并不算多见，特别是近年来国内股票市场蓬勃发展，具备了相当的规模，主力资金面临的局面更多地处于与其他力量势均力敌的状态，虽然强，但只是相对而言，超出比例不是很大。因此，敌战计的应用范围较为宽广。如果说胜战计是在处于绝对优势的条件下展开的，那么敌战计是属于在僵持阶段，相对优势一方如何打破僵局、推进战况的策略。

第七计　无中生有

原指本来没有却硬说有。现形容凭空捏造。

2023年，中国移动总市值超越贵州茅台，这件事大家都听说过吧，我们认真测算过，以2023年的价格水平，相差近万亿元，差距不小呢。

第八计　暗度陈仓

指正面迷惑敌人，而从侧翼进行突然袭击。比喻暗中进行活动。

含有转债的股票，一般会通过拉动正股价格来促进转债转股。

第九计　隔岸观火

隔着河看对岸的火。比喻对别人的危难不予援救而在一旁看热闹。

主力有时采取休克疗法，即在一段时间内不参与交易，让散户自行交易，观察在没有干预的情况下，市场的自然成交表现。日线上此通常为地量区间。

第十计　笑里藏刀

比喻外表和气而内心阴险。

缩量反弹，特别是出现在跌破颈线后的反抽回测，缠论表述的二卖和三卖位置。

第十一计　李代桃僵

弃车保帅，田忌赛马。

主力派发自然想尽可能卖在高价区，但散户也不傻，找不到更多的对手盘来接时，低位派发就成了唯一的办法，两害相权取其轻。

第十二计　顺手牵羊

要善于捕捉时机，伺隙捣虚，变敌方小的疏漏而为我方小的得利。

对于持仓较大的机构来说，虽然做长期投资，但也可以利用市场的短期波动高抛低吸，跑跑差价。近年来的指数量化增强产品可以作为典型代表。

第三套　攻战计

处于进攻态势之计谋。飞龙在天。

兵法云倍则分之。因此攻战计也属于我方优势条件下可选的策略。

第十三计　打草惊蛇

敌力不露，阴谋深沉，未可轻进，应遍探其锋。兵书云："军旁有险阻、潢井、葭苇、山林、翳荟者，必谨复索之，此伏奸所藏也。"

敲山震虎与打草惊蛇路数差不多。走在山路上，如果不小心踩到蛇，容易受到攻击，比较稳妥的办法，就是用棍子去打草，把蛇惊走，就安全了。战场上有火力侦察一说，股票方面威科夫理论中提到的Probe，还有前面讨论过的投石问路，都是这种模式。

第十四计　借尸还魂

迷信的人认为人死后灵魂可附着于别人的尸体而复活。后用以比喻已经消灭或没落的事物，又假托别的名义或以另一种形式重新出现。匪我求童蒙，童蒙求我。

1998年华宝空调被收购，深交所上市公司里恰好有一家“深华宝”，其主营是饲料行业，与空调不搭边，但因为有这个消息刺激，也大涨一波。

第十五计 调虎离山

设法使老虎离开山头。比喻为了便于行事，想法子引诱人离开原来的地方。此计运用这个道理，是说战场上若遇强敌，要善用谋，用假象使敌人离开驻地，诱他就我之范，丧失他的优势，使他处处皆难，寸步难行，由主动变被动，而我则出其不意而制胜。

在股票走势上，前高阻力，主力通常不会一次性越过，而是要运用两次假摔，让套牢盘误以为涨升乏力，赶紧解套走人。

第十六计 欲擒故纵

要捉住他，故意先放开他。比喻为了进一步控制，先故意放松一步。

逼则反兵，走则减势。紧随勿迫，累其气力，消其斗志，散而后擒，兵不血刃。

有句话叫困兽犹斗，如果跑不掉就会拼死一搏，如果还有希望存在，不管多渺茫都会心存幻想。所以兵法讲围师必阙。在很多次大涨走势之前，我们都可以找到震仓的痕迹，有人解释为拳头缩回去，打出来更有力，也说得通。老司机开出车位的时候，想要右拐就先向左打方向盘。

第十七计 抛砖引玉

诱敌之法甚多，最妙之法，不在疑似之间，而在类同，以固其惑。

2007年下半年，中国石油A股上市前，先是中海油服在9月登陆A股，短期内大涨；接下来是中国神华在10月登陆A股，短期内也大涨；最后就是中国石油A股11月5日上市，引发抢购高潮。

第十八计　擒贼擒王

擒王之法，不可图辨旌旗，而当察其阵中之首动。

江湖上有龙头战法，趋势行情过程中领涨个股收益最为可观。按本策指引，不要去研究哪只股票最好，而是要看哪只股票处于“领头羊”位置。

第四套　混战计

处于不分敌友、军阀混战态势之计谋。见龙在田。

混战的原因是缺乏明显的优势，甚至是劣势已可见一斑，那么必须出奇兵制胜。

第十九计　釜底抽薪

捣强敌之虚以败其将成之功也。

股价水平与资金供应量息息相关，历史上每次股市过热时，出台政策通常是打击资金违规入市和增加新股供应量，这就是典型的釜底抽薪逻辑。

第二十计　浑水摸鱼

动荡之际，数力冲撞，弱者依违无主，散蔽而不察，我随而取之。

笔者读大学的时候，宿舍里流行打滚子。我们投资系打滚子与税务系打滚子的套路是完全不同的。税务系的打法是先比副牌，然后比主牌，最后看谁大小王多，谁胜利。投资系的打法就是典型的浑水摸鱼，如果没有大牌在手，保底无望，那么上来就抢先调主，最后谁能拿底牌就是未知数。

2000年前后，正是网络股热络的巅峰，海虹控股、综艺股份等“领头羊”风头正劲，但其他股票是不是就没有机会了呢？很多上市公司想办法给自己贴上网络标签，例如，大商股票也因为迅速注册了一个网络销售子公司，摇身一变成了网络股，把握住了网络概念热炒的契机。把水搅浑，混淆视线，才能有机可乘。

第二十一计　金蝉脱壳

然则金蝉脱壳者，在对敌之际，而抽精锐以袭别阵也。待己摧他敌而返，而友敌始知，或犹且不知。

2000年下半年，著名的中科系主操盘手吕梁，在运作中科创业、中西药业等个股期间，还单独运作了莱钢股份。

第二十二计　关门捉贼

追贼者，贼有脱逃之机，势必死斗；若断其去路，则成擒矣。

2015年下半年，市场调整力道沉重，上百家公司选择临时停牌，躲过大势急跌过程。

第二十三计　远交近攻

利从近取，害以远隔。

沪、深两交易所成立早期以本地公司上市为主，规模逐渐扩大后，增加了一些其他地区公司上市，但开户交易的投资者仍以本地为主，本地中小投资者不了解异地上市公司的实际情况，因此偏爱本地股并将其作为交易标的。机构投资者则积极吸纳偏远地区的优质上市公司股票，抛售本地上市公司股票。

第二十四计　假道伐虢

假地用兵之举，非巧言可诳，必其势不受一方之胁从，则将受双方之夹击。如此境况之际，敌必迫之以威，我则诳之以不害，利其幸存之心，速得全势，彼将不能自阵，故不战而灭之矣。

在中科创业炒作案例中，朱焕良使用的正是假道伐虢之策，请庄家吕梁操作，最后连散户带庄家全都被耍，自己顺利套现。

第五套　并战计

对付友军反为敌态势之计谋。终日乾乾。

第二十五计　偷梁换柱

此计运用象理，是说好比拖住了车轮，车子就不能运行了。己方抽其友方劲旅，如同抽出梁木，房屋就会坍塌，于是己方就可以控制他了。

涨停板出货法中，主力不断以小单卖出，当累积到一定数量时，再挂出相应数量的买单，让涨停价格封单看起来没有明显减少，但其实前面排队的跟风买单在不断地被消耗，而挂在后面的新增买单只是凑数之用。

第二十六计　指桑骂槐

率数未服者以对敌，若策之不行，而利诱之，又反启其疑，于是故为自误，责他人之失，以暗警之。警之者，反诱之也。此盖以刚险驱之也。或曰：此遣将之法也。

近年来，交易所经常对股票异动的上市公司发问询函。

第二十七计　假痴不癫

当其机未发时，静屯似痴；若假癫，则不但露机，则乱动而群疑。故假痴者胜，假癫者败。

在建仓过程中，主力通常让走势显得疲软，而如果建仓过程非常招摇，频频反弹吸引市场参与者注意力，则很有可能不是建仓而是派发。

第二十八计　上屋抽梯

敌人受我之唆，犹如贪食抢吃，只怪自己见利而受骗，才陷于死地。

放量长阳大涨模式并不必然见顶，但取决于后续资金跟进情况，有跟进资金流入则继续涨，资金耗尽则下跌，称为药不能停。

第二十九计　树上开花

借局布势，力小势大。此树本无花，而树则可以有花，剪彩贴之，不细察者不易发，使花与树交相辉映，而成玲珑全局也。

树上开花这个说法，不如移花接木更容易理解。2023年上半年TMT行情中先炒ChatGPT后炒GPU，这些东西都是国外的，国内市场借用过来，作为概念题材大炒特炒，相当于剪贴的假花。

第三十计　反客为主

为人驱使者为奴，为人尊处者为客，不能立足者为暂客，能立足者为久客，客久而不能主事者为贱客，能主事则可渐握机要，而为主矣。故反客为主之局：第一步须争客位；第二步须乘隙；第三步须插足；第四步须握机；第五乃为主。为主，则并人之军矣；此渐进之阴谋也。

1993年9月14日后的11个交易日，沪市“三无”概念股延中实业股价连涨11天。9月30日11时15分，上海证券交易所宣布延中实业临时紧急停牌。随后，深圳深宝安集团上海公司发布公告称，公司已于当日拥有延中实业发行在外普通股5%以上。10月4日，深宝安上海公司再次发布公告，公司已持有15.89%的延中实业股票。10月6日，深宝安再次购入延中股票2%。随后深宝安入主延中实业。

第六套　败战计

处于败军态势之计谋。潜龙勿用。

处于下风劣势，不使用计谋则必败无疑。因此败战计是使用频率最高的一套策略。主力虽为主力，但如果不具备绝对优势，仍需采用败战计，更何况一只股票的持仓机构可能有多家，在一对多的情况下，采用败战计更为合理。

第三十一计　美人计

兵强将智，不可以敌，势必事先。事之以土地，以增其势，如六国之事秦：策之最下者也。事之以币帛，以增其富，如宋之事辽金：策之下者也。唯事以美人，以佚其志，以弱其体，以增其下之怨。如勾践以西施重宝取悦夫差，乃可转败为胜。

以改善的基本面取悦其他投资者，趁机套现，相当于送出美人。

第三十二计　空城计

虚者虚之，疑中生疑；刚柔之际，奇而复奇。

日内走势经常会出现一种类似旱地拔葱的短促而迅猛地上涨，价格线几乎垂直上升，但日内均量线仍较为平缓。此为主力吸引买盘拉高派发的常用手法。越接不住抛盘，越大手笔往上打，反而能够抑制散户的抛售意愿。还有就是在买三以下的价格上挂万手大单，也是主力唱空城计的信号。

第三十三计　反间计

间者，使敌自相疑忌也；反间者，因敌之间而间之也。

蒋干盗书是教科书式的案例，售卖假古董的最高境界是带着买家一块儿去“盗墓”。现在的股票市场上有坊间秘密流传的收费投资价值分析报告。

第三十四计　苦肉计

人不自害，受害必真；假真真假，间以得行。

股谚说“重套出黑马”，主力怎么能把自己套进去呢？是不是主力早跑了？其实主力就用这一招来改变跟风盘的预期。

第三十五计　连环计

盖一计累敌，一计攻敌，两计扣用，以摧强势也。

组合拳，分步进行。第一步是让敌人进入一种状态，第二步是在这种状态下才能发挥作用的方式，如果敌人不在这种状态之下，是不会产生效果的。

涨停板出货法可以称为连环计。第一步是把价格推高至封涨停，这时潜在卖方通常会等待第二天高开的机会而暂时不参与交易，潜在买方则在涨停价排队等待成交。第二步是持续卖出，当卖出一定数量个股时，将与卖出数量相同的买盘继续挂上涨停价，让涨停价格的封单看起来并没有减少。

第三十六计　走为上计

敌势全胜，我不能战，则：必降；必和；必走。降则全败，和则半败，走则未败。未败者，胜之转机也。

保持一定的机动灵活性是最重要的操作策略，一定要避免全仓被套的不利局面。

实操篇

K线与美国线

K线图源于日本德川幕府时代，被当时日本米市的商人用来记录米市的行情与价格波动，后被引入股票及期货市场。实际上，在日本的“K”并不是写成“K”字，而是写作“罫”（日本音读kei），K线是“罫线”的读音，K线图称为“罫线”图，西方以其英文首字母“K”直译为“K线”，由此发展而来。图1为一段上证指数K线走势。

图1　截取一段上证指数K线走势

图片来源：作者整理制作。

K线分析主要采用组合模式，以下介绍两种较为常见，准确度相对较高的K线模式。

红三兵

红三兵是一种经典的见底K线组合，名字即要点。三个字，“红”的意思是阳线，“三”的意思是三个连续的，“兵”的意思是小。联合起来意思就是三个连续的小阳线。笔者的解释与流行定义有非常明显的区别，流行定义说的是三个收盘连续走高的阳线。上述定义与笔者说法的区别主要有两点，这也是红三兵的研判关键：一个是小阳；一个是连续，或者称为接续。正宗的红三兵需要三个小阳首尾相接，尽量不大比例重叠，如果实在要重叠，影线可以重叠，实体最好不要重叠。同时三根K线的个头要相近，这才称得上三兵。

高位低开大阳线

高位低开大阳线是一种见顶信号。大阳线，通常是放量的，也可以不放量，涨停很常见，不涨停也行。涨势进入后期，越涨越快，阳线越来越大，但强势与低开是一个矛盾。因此高位低开大阳线，常常是拉高派发见顶的征兆。

美国线

美国线又称柱线图，其构造较K线简单，如图2所示。美国线的直线部分，表示了当天行情的最高价与最低价间的波动幅度。左侧横线代表开盘价，右侧横线代表收盘价。在一般的行情软件上，都是这样显示美国线的，实际上，美国线通常只会在右侧画出横线表示收盘位置，左侧不画。也就是说，真正专业的美国线读图技巧是忽略开盘位置，只根据价格波动范围和收盘位置进行分析。

图2　截取一段上证指数美国线走势

图片来源：作者整理制作。

以日线图为例，美国线的分析逻辑是，当日价格波动范围与之前日线进行比较，当日收盘水平与当日价格波动范围及之前收盘水平进行比较，以确定市场走势的强弱，进而展开相应操作。简单地说，美国线反映当天多空双方交战的区域与交战的结果。而K线更注重多空双方交战的过程。

K线与美国线作为最主流的价格记录方式，在研判上各成体系，互有短长。同时反映出了东西方文化的差异性：美国线比较直观、高效，而K线更具内涵，易于构建更为复杂的结构模型。

指标

中国的文字是很有意思的，究竟是不是因为诗赋文章的需要，反正很多词可以随意排列组合而文意不变。比如我们看到的鲁迅文章中，“介绍”一词是写成“绍介”的。那么“指标”这个词，应该是来源于“标指”，禅宗中有名的《指月录》，这些都在暗示我们，指标其实就是那根手指头，而不是月亮本身。

无论是基本分析还是技术分析，都不得不包含定性分析与定量分析，因为我们必须进行目标选择与时机选择。指标就属于一种时机选择的工具，这种工具建立在大量（或者说频繁）的计算的基础之上，因此指标的兴起，是伴随20世纪70年代计算机技术在民用市场的广泛应用而来的。我们现在炒股票的方式，基本上是用手机操作，这与百年之前乃至20年前的人们迥然不同。一般的炒股初学者，基本上要先研究研究指标，因为有了电脑，指标的研判标准简单明了，提示直观，上手快，所以指标现在可以说是“飞入寻常百姓家”了。但是随着指标的广泛应用，各种非议也接踵而至，所以把吃瓜群众弄蒙了，到底这个指标有没有用，应不应该用，则众说纷纭。

挺指标的人，认为技术分析就是指标分析，除了指标，别的啥都没有用。贬指标的人，认为绝大多数指标仅在价、量、时、空四度空间里面的一个象限里兜圈子，非常地不全面、不完整，因此得出的结论也必然是局限和片面的。对此，笔者的看法是，有人爱吃烧烤，有人爱吃麻辣烫，存在的就是合理的，指标学派作为技术分析的后起之秀，是重要的组成部分，不可偏废。指标既非某些流派宣称的独步天下，也非某些流派贬低的一无是处，而是处于一个中庸的地位，作为有志于研究炒股的人的一个选项，爱吃就来两口，不爱吃可以换别的。

笔者属于杂家，为了研究炒股，所有大家能想到的办法，在30多年的投资生涯中，笔者均逐一进行了尝试。炒股可以采用的办法有很多，指标只是其中一种不单独使用的手段，但在某些情况下，指标还是可以提供一些化腐朽为神奇的机会的。工具本身不具备可比性，到底是锯子好使，还是锤子好使?要看应用场景，在指标的应用上，可能也存在“小马过河”的情况吧。

量能

市场参与者经常听说的一个词“量能”，很多人不知所云，其实量能就是能量，成交量赋予走势的能量，即为量能。量大量能大，量小量能小。虽然成交量很重要，但它始终只是一个辅助角色，价格永远占主要位置。所谓量价配合，是量配合价，不是价配合量。主次位置我们不能颠倒。量价的基本原则是价升量增，价跌量减。根本原因在于价格的提升可以导致供应意愿的提高。这里面有一个适度的问题，这个度没有一个简单量化的标准来确定，更多地来自市场经验。教科书式的描述称作温和。在笔者看来，价升量增的健康表现，并非逐日盯市得来，而是按照相邻的两个价格峰值对应的成交表现对比，如果在上升段落中后面更高价格峰值对应的成交水准明显下降，即意味着阶段性顶部可能已经到来，要注意，重拾升势的案例比比皆是，但一个健康的走势从不会出现瑕疵。

止损

止损是理性经济学人战胜市场的不二法门，是防止自己陷入尴尬境地而按下的“重启”键。按照纯理论的逻辑设定，止损的意义非常重大，如图3所示，假如投资绩效呈现正态分布，如果我们可以在阴影边界位置截断亏损，那么比较而言，阴影区域就可以成为在止损条件下的收益。

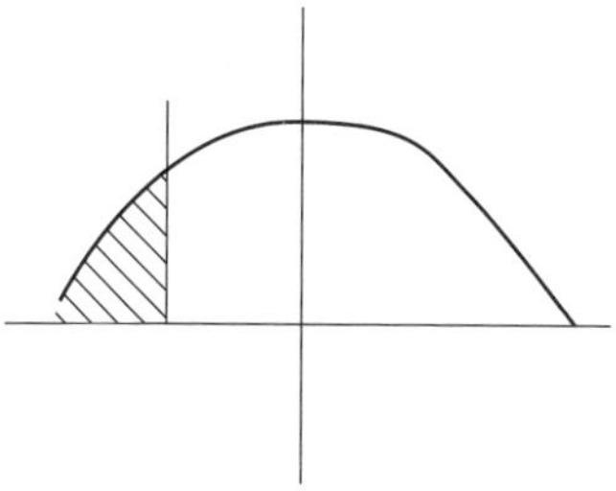

图3 止损模式下投资绩效

图片来源：作者整理制作。

但正如理性经济学人不会出现在日常生活中一样，投资绩效是否正态分布也是一个未知数，特别是在样本数量不够大的条件下。在牛市和熊市里，投资绩效能呈现同样的分布特征吗？对于一个纯小白，初出茅庐时，如果在市场里玩止损，怕是很容易把账户玩儿成“高位截瘫”。一个盲目的低水平重复的投资过程，配合严格的止损操作，这就很难定义为一种保护，而更多的是一种伤害。

我们说止损是有前提条件的，其前提条件就是系统化的操作。什么是系统化的操作？制定了明确的标准，买入标准和卖出标准，并依据标准进行的操作，就是系统化的操作。在系统化操作的条件下，买入点是按照买入标准生成的，之后的卖出点，建立在卖出标准之上。卖出标准有两个：一个是止盈，一个是止损。卖出点就是符合卖出标准的退出机制。其中在某种条件下，触发止损。

对于市场中的绝大多数人来说，系统是一个闻所未闻的东西，它更可能是一个路人甲的角色，打酱油的风格，在这种状态下，给它配上一个僵化的教条的止损，能改善绩效吗？当一个玩家开始意识到止损的问题时，说明他已经不再是一个新手了，《道德经》说“知止不殆”。止损是一个宣言，一个不再随波逐流，不再任人宰割的宣言。恐惧来自未知，世界上最吓人的下跌，是不知道会跌到哪里，就算对方给自己造成了一万点伤害，但如果伤害仅限于一万点，而我可以确认一万点伤害不会伤筋动骨更不会危及生命，那我就不会惊慌失措。因此止损的保护，更多是针对心理层面。

但是，从战略角度看待止损，它又不仅仅适用于心理层面。我们举两个最简单直观的例子来看一下：

（1）我们满仓买进一只股票，获取一个涨停，卖出后再买进一只股票，遭遇了一个跌停后卖出，不考虑佣金等的实际收益，为亏损1%。

$1 \times 1.1=1.1$

$1.1 \times 0.9=0.99$

那么我们满仓买进一只股票，遭遇一个跌停，卖出后再买进一只股票，获取一个涨停，不考虑佣金等的实际收益，仍为亏损1%。

$1 \times 0.9=0.9$

$0.9 \times 1.1=0.99$

（2）我们满仓买进一只股票，取得翻倍收益，卖出后再买进一只股票，遭遇腰斩，不考虑佣金等的实际收益，为0。

$1 \times 2=2$

$2 \times 0.5=1$

那么我们满仓买进一只股票，遭遇腰斩，卖出后再买进一只股票，取得翻倍收益，不考虑佣金等的实际收益，仍为0。

$1 \times 0.5=0.5$

$0.5 \times 2=1$

通过以上两个案例的分析，我们看到，亏损对本金的侵蚀力远大于同样比例的盈利，可以说，1000%的盈利敌不过100%的亏损。因此运用止损手段来控制损失，实质上是有助于改善投资绩效的。

在具体的操作中，止损的要求是松紧适度。什么叫适度，就是不过于紧迫，也不过于宽松。那么，什么叫紧迫什么叫宽松？在价格波动中，止损跟太近，就容易触发；止损离太远，就容易损失过多。具体而言，5%就跟太近，10%就有点儿远，所以通常的标准，会定在8%。

这里面最为关键的问题，没有具体执行过止损的人不会提出，就是8%，是谁的8%？我们会看到，常见的股票价格波动，很多情况下远超8%。如果我们仅僵化地定义为买进价格的8%，止损概率则可能太高了。在实际运用中，我们采用的是折算法，就是假如在一笔交易中系统设定的止损空间为20%，这意味着，笔者判定当价格回落到距离买进价格20%的关键价格以下，最初设定的上涨判断不成立，则笔者在本次交易中需投入的资金量为40%，这样才可以保证当止损条件成立时，笔者的单笔损失为8%。

最后，我们还是要说一下止损的适用范围。在市场上，其实存在两种人：一种是投资人，一种是交易人。可以说，止损仅适用于交易人，而对于投资人来说，只有两种结果，一种是投资成功，一种是投资失败，不存在止损的问题。因此，当我们进入市场时，一定要给自己一个清晰的定位，到底是投资人，还是交易人，这决定了我们对止损的态度。

补仓

如果止损是在损失比例不大的情况下选择了退出，那么在损失相对严重的情况下，选择退出未必是明智之举。当我们进行评估，得出的结论是持仓品种的投资价值没有发生重大改变。那么补仓操作并非一种羞愧。或者我们可以进行分类处理，短线交易倾向使用止损，而中长线交易倾向使用补仓。

而对于浮动亏损的严重与否，我们也可以简单地以20%的标准为分界。低于20%的情况可以考虑止损，而高过20%，则应该认真考虑补仓的可行性。在相对活跃的市场中，例如A股市场，单个股票品种的波幅经常会超过20%，针对单一品种的反复操作，补仓方式的绩效较频繁止损更具优势。

在实操中，笔者的经验是如果浮动亏损超过30%后按照相同金额进行补仓可以迅速将浮动亏损比例降低。例如，以10元价格买进10000股股票，持仓成本为100000元，如果股价下跌至7元，浮动亏损达到30%，这时单纯等待回本，升幅需要达到接近50%，难度比较大。但如果在7元增仓100000元市值的股票，增加的股数不再是10000股，而是14200股，补仓后平均成本不是8.5元，而是8.24元。这时浮动亏损约为15%，而如果按同样股数补仓则成本是8.5元，反弹需要超过20%才能回本。

僭越

僭越是指超越本分，古时指地位低下的人冒用地位在上的人的名义或礼仪、器物等，尤指用皇家专用的，出自《三国演义》。又例如《魏书·清河王怿传》："谅以天尊地卑，君臣道别，宜杜渐防萌，无相僭越。"

在市场里，僭越是一种现象。它不是指八佾舞于庭，而是指现有的市场秩序被打破的信号。直白地表示，就是我们发现，在阶段性上升行情中的领导板块中会有一个核心的领导股，俗称龙头，忽然有一天，板块中其他跟班股票的涨幅超过了这个龙头，我们把这种现象定义为僭越。它预示着板块行情即将歇菜。实践中我们会发现，僭越的信号作用是非常及时的，它几乎与见顶是同步的，而其他我们所掌握的信号和手段，大多数是滞后的。

浮动筹码

"筹码"一词原为赌场专用，后为股市所引用，所指为持仓。浮动筹码简称浮筹，主力持仓为锁定筹码，短线散户跟风买盘即为浮动筹码，主力洗盘的目标就是清除浮动筹码。短线跟风盘较为不稳定，如集中抛出将破坏主力运作，因此必须清除。清除的方法主要是洗盘震仓。

传统技术分析，既不是充分条件也不是必要条件

一般人眼中的技术分析，主要就是看所谓技术指标，其实指标只是技术分析中的一个子流派。技术指标的兴起随着电脑在民用领域中的推广而使用。因此技术指标流派的兴盛基本上是在20世纪70年代之后，此前并不是没出现技术指标这类东西，而是复杂的计算再加上图上作业，如果通过手工实现，传播的范围必定受到限制。那么我们所说的传统技术分析，基本上属于在技术指标兴起之前的阶段，市场中流行的技术分析手段。当然，在技术指标兴起之后的技术分析路线，越发倚重电脑开发手段，数据的多方积累使得个性化发展成为可能，因此现代的技术分析已经不被称为技术分析，为随之而来的新名词“量化”所取代。

传统技术分析由于受到了数据统计和图上作业的限制，相对来说就显得比较简单，但这并不意味着其效用低下或粗泛。相反，其更注重抓主要矛盾，而舍弃细枝末节。主攻方向就是两个：一个是价，一个是量。后来的技术指标其实也秉承了这一思路，甚至从某种意义上说，技术指标主要关心的问题就是价格变动，研究成交量的指标较少，绝大多数指标的计算基础便是各种价格。

传统技术分析手段的运用是行之有效的，但不是放之四海而皆准，其中奥妙在于应用者的领悟力及对市场运行内在规律的理解程度。因此我们发现，通过技术分析得出判断时，它既非充分条件，也非必要条件。简单地说，充分条件是有一定有，没有不一定没有；必要条件是没有一定没有，有不一定有。那么对于技术分析，就是有不一定有，没有不一定没有。具体就是，技术分析发出了买进信号，结果不一定是上涨，技术分析没有发出买进信号，上涨也可能出现。因此技术分析在很多人眼里，是非常不科学、不严

谨的。它没有一个必然性的结果，只是一个或然性的机会。

传统技术分析把分析内容和分析手段主要分为价、量、时、空。分别指成交价、成交量、时间跨度和波动空间，是技术分析的四大基本要素。传统技术分析最主要的部分是形态分析，形态分析的主要研究对象则是价、量、时、空里面价的部分，由价格部分衍生出一些对时间和空间的预计。通过对市场横向运动时形成的各种价格形态进行分析，推断出市场现存的趋势将会反转或持续整理。

形态分析大致可分为反转突破形态和持续整理形态两种。

1.反转突破形态

反转突破形态是指价格改变原有趋势所形成的运动轨迹。反转突破形态存在的前提是市场原先确有趋势出现，而经过横向运动后改变了原有的方向。反转突破形态包括双重顶形态和双重底形态、三重顶形态和三重底形态、头肩顶形态和头肩底形态、圆弧顶形态和圆弧底形态等。

（1）双重顶形态和双重底形态。

双重顶形态（M顶）是一种比较常见的顶部反转形态，如图4所示。在上升趋势的末期，价格急速上升到第一个高点A建立了高值后受阻回落，在B点附近价格获得支撑后，继续上升至前一峰顶值附近，在C点价格再度受阻回调向下，这样就形成了A和C两个顶的形状（M顶）。M顶形成以后有两种可能。一是未突破颈线（颈线是指以B 点为基准画与A点、C点连线平行的线），这样价格就会在A、B、C三点形成的狭窄范围内上下波动，今后可能演变成矩形。二是突破颈线继续向下，这才是双重顶反转突破形态的真正出现。通常价格突破颈线后，其下降幅度最少相当于从最高的一个顶点到颈线的距离，即所谓量度跌幅。

双重底形态（W底）是一种比较常见的底部反转形态。在下降趋势的末期，价格急速下降到第一个低点A建立了低值后反身向上，在B点附近价格受阻后，再次下降至前一低值附近，在C点价格获得支撑后再度上升，这样就

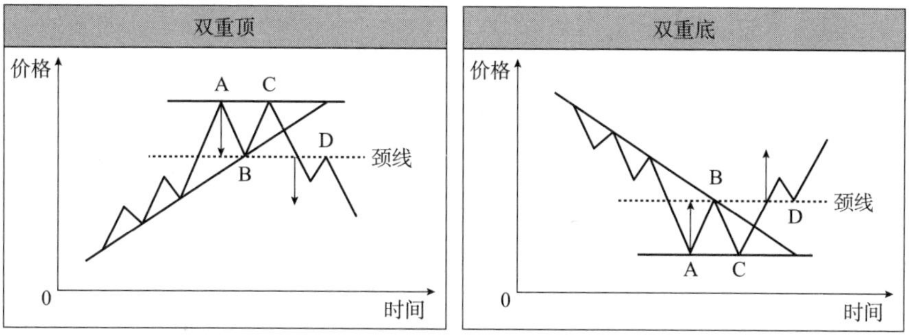

图4　双重顶与双重底

图片来源：作者整理制作。

形成了A和C两个底的形状（W底）。W底形成以后有两种可能。一是未突破颈线（颈线是指以B点为基准画与A点、C点连线平行的线），这样价格就会在A、B、C三点形成的狭窄范围内上下波动，今后可能演变成矩形。二是突破颈线继续向上，这才是双重底反转突破形态的真正出现。通常价格突破颈线后，其上升幅度最少相当于从最低的一个谷底到颈线的距离，即所谓量度升幅。

（2）三重顶形态和三重底形态。

三重顶和三重底是双重顶和双重底的延伸状态，常见于相对较大级别的走势，多空双方力量暂时达成了一种动态平衡，三重顶形态和三重底形态体现出了某种不确定性和相互僵持的含义，如图5所示。

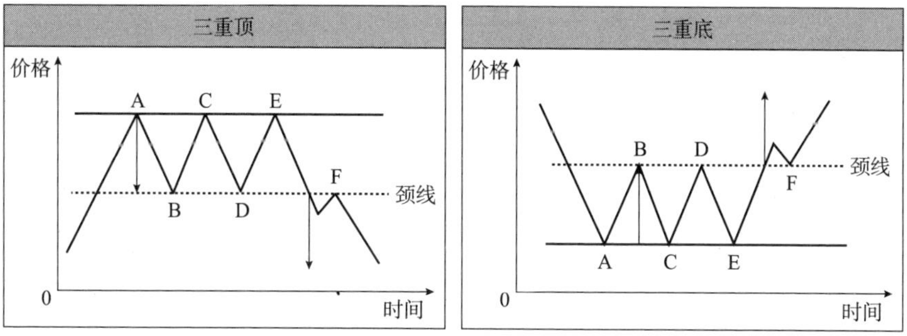

图5　三重顶与三重底

图片来源：作者整理制作。

三重顶形态属于顶部反转形态，由三个波峰（三个高值）和两个波谷（两个低值）组成，两个谷底的连线称为颈线，颈线位一旦被有效突破，价格将开始进入一个较长时期的下跌过程。其下降幅度最少相当于从最高的一个顶点到颈线的距离。

三重底形态属于底部反转形态，和三重顶形态相反，由三个波谷（三个低值）和两个波峰（两个高值）组成，两个波峰的连线称为颈线，颈线位一旦被有效突破，价格将开始进入一个较长时期的上升过程。其上涨幅度最少相当于从最低的一个谷底到颈线的距离。

（3）头肩顶形态和头肩底形态。

头肩顶形态属于一种比较常见的顶部反转形态。由左肩（左峰）、头部（中峰）、右肩（右峰）三部分组成，可以看作三重顶形态中的特例。如图6所示，通常在最强烈的上涨趋势中形成左肩（A点），小幅回落至B点后价格再度上升，形成头部（C点）后再次回落至前一段的低值附近，在（D点）获得支撑后价格再度上升，但并没有突破头部的高值，在E点形成右肩后价格回落向下突破颈线（B点与D点的连线），此时便形成了头肩顶形态。当价格完全突破颈线后，其至少会跌到头部到颈线的距离。

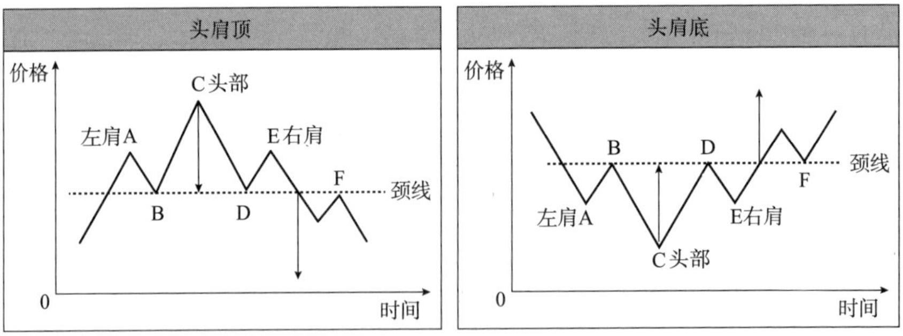

图6　头肩顶与头肩底

图片来源：作者整理制作。

头肩底形态属于一种比较常见的底部反转形态。由左肩（左谷）、头部（中谷）、右肩（右谷）三部分组成。通常在最强烈的下跌趋势中形成左肩（A

点），价格小幅回升至B点后再度下跌，形成头部（C点）后再次回升至前一段的高值附近，在（D点）受到阻力后价格再度回落，但并没有突破头部的低值，在E点形成右肩后价格反身向上突破颈线（B点与D点的连线），此时便形成了头肩底形态。当价格完全突破颈线后，其至少会上升到头部到颈线的距离。

（4）圆弧顶形态和圆弧底形态。

圆弧顶形态又称圆形顶形态、蝶形形态，是反转形态中比较特别的形态。圆弧顶的形成过程与头肩顶形态的过程类似，只是圆形顶形态的各个顶高度相差无几。如图7所示，通常圆弧顶的各个高点并不在同一水平，一般而言，只要相连的两个高度彼此之间的幅度相差不大于10%，就不会影响形态的分析逻辑。圆弧顶形态一旦形成后，其下降的周期远大于拉升的周期，最少的也一个月，圆弧顶形态形成的周期越长，其反转的力度就越大。

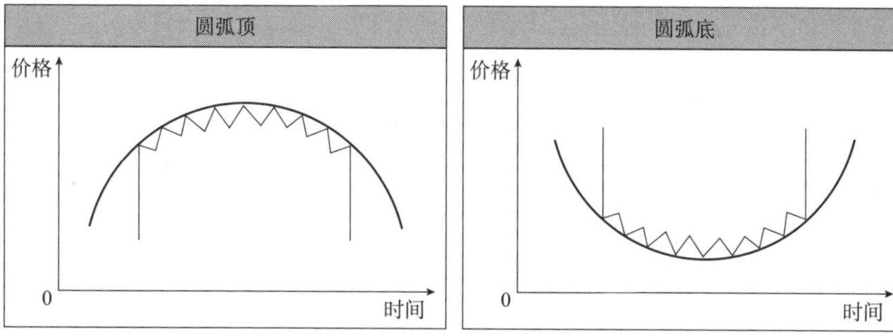

图7 圆弧顶与圆弧底

图片来源：作者整理制作。

圆弧底形态又称圆形底形态、碗形形态，也属于反转形态中比较特别的形态。圆弧底的形成过程与头肩底形态的过程类似，只是圆形底形态的各个底部的高度相差无几而已。通常圆弧底的各个低点并不在同一水平，一般而言，只要相连的两个低值彼此之间的幅度相差不大于10%，就不会影响形态的分析逻辑。圆弧底形态一旦形成后，价格通常会展开一轮爆发性的上涨，圆弧底形态形成的周期越长，其反转的力度就越大。

2.持续整理形态

所谓持续整理形态，是指价格朝一个方向经过一段时间的快速运行后，不延续原有趋势，而开始在一定区域内上下窄幅波动，等待时机成熟后才继续前进。

持续整理形态包括三角形（对称三角形、上升三角形、下降三角形）形态、矩形（上升矩形、下降矩形）形态、旗形（上升旗形、下降旗形）形态等。

（1）三角形（对称三角形、上升三角形、下降三角形）形态。

三角形态是价格波动中最常见的一种整理形态。当价格上涨或下降到一定区域时，其开始进入技术性整理，形成一个震荡密集区。如图8所示，价格的变动幅度开始缩小，高点逐次降低，低点依次升高，如果把这些高点和低点分别以直线连接起来，则会出现一条向下倾斜和一条向上倾斜的斜线。两线最终汇聚于一点，形成一个近似于等腰三角形的形态，我们把这种形态称为对称三角形。三角形的上下两边分别称作上斜边和下斜边。上斜边也叫压力线，是过去价格波动过程中高点的连线；下斜边也叫支撑线，是过去价格波动过程中低点的连线。对称三角形态大多是以整理形态出现的（在少数特殊情况下，对称三角形态也可以作为反转形态出现）：在上升趋势中，当收盘价突破三角形上边的压力线（一般为超出三角形上边的3%左右）时，可初步确认对称三角的向上有效突破；在下降趋势中，当收盘价突破三角形下边的支撑线（一般为超出三角形上边的3%左右）时，可初步确认对称三角的向下有效突破。通常对称三角的有效突破出现后，有个理论上的突破高度。测量涨跌幅的方法有两种：第一种是量出对称三角形最宽部分的垂直高度，然后从突破点开始算起，向上或向下量出相等的距离，就是上涨或下跌的目标位；第二种是以三角形的底边端点为基准，画平行于三角形上斜边或下斜边的平行线，当价格触及该平行线时就是目标位。

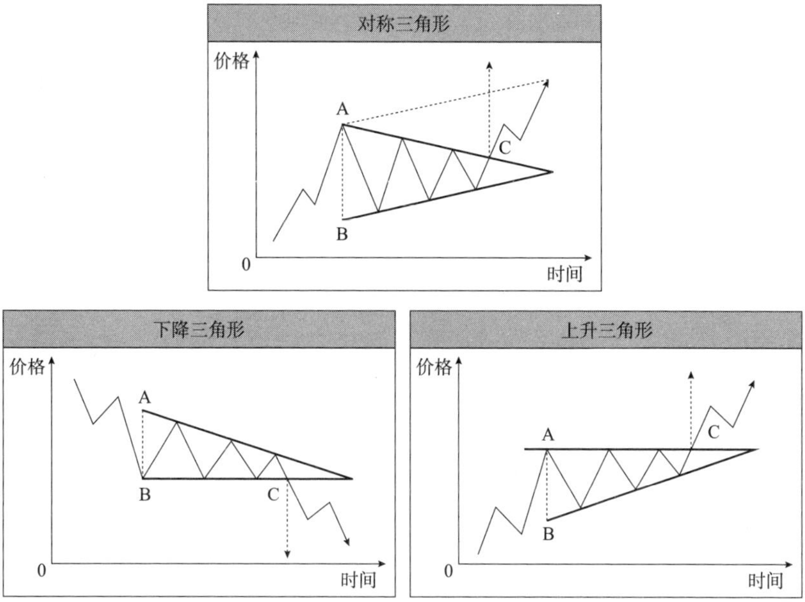

图8　三角形形态

图片来源：作者整理制作。

下降三角形是对称三角形的变体，属于中期整理形态，在大多数情况下向下突破的可能性较大，是一种看跌的形态。其特点为价格回落到每一特定的价位区时即告回升，形成几乎水平的几个低点，将这些低点相连，就会得到一条几乎水平的支撑线，作为三角形的一边；在价格回升的过程中，每个高点都比上一次的高点低，将这些高点相连就会形成一条倾斜向下的连线，作为三角形的另一边。与对称三角形相比，下降三角形的每个低点都基本接近而每个高点依次下降，当收盘价突破三角形下边的支撑线（一般为超出三角形上边的3%左右）时，可初步确认下降三角形态的出现，其下降幅度通常从突破点开始算起，三角形最宽部分的垂直高度。

上升三角形也是对称三角形的变体，属于中期整理形态，在大多数情况下向上突破的可能性较大，是一种看涨的形态。其特点为价格一时难以突破某一上方价位，形成几乎水平的高点，将这些高点相连，就会得到一条几乎水平的压力线，作为三角形的一边；在价格回落的过程中，每个低点都比上一次的低点高，将这些低点相连就会形成一条倾斜向上的连线，作为三角形的另一边。与对称三角形相比，上升三角形的每个高点都基本接近而每个低点依次上移，其上升态势比较明显。当收盘价突破三角形上边的压力线（一般为超出三角形上边的3%左右）时，可初步确认上升三角形态的出现，其上升幅度通常从突破点开始算起，三角形最宽部分的垂直高度。

（2）矩形（上升矩形、下降矩形）形态。

矩形形态又称箱形形态，一般出现在价格上升或下降的中途。在矩形走势中，当价格上升到某一水平时遇到较大的阻力而掉头向下，但很快价格又在某一价位获得支撑而回升，回升到上次高点时再一次受阻，而当价格再次下跌到前期低点时会再次获得支撑。将这些高点和低点分别连接起来，就可以得到一个近乎水平的价格轨道。这一轨道既不上倾，也不下斜，呈水平方向发展，此形态即称为矩形形态。矩形上边高点的连线称为压力线，下边低点的连线称为支撑线。如图9所示，矩形形态在大多数场合中是以整理形态出现的（但在有些情况下，矩形也可以反转形态出现），当价格的收盘价完全突破上方的压力线时（一般为超出矩形整理形态最高点的3%左右），通常称为上升矩形形态；当价格的收盘价完全突破下方的支撑线时（一般为低出矩形整理形态的3%左右），通常称为下降矩形形态。其突破的高度至少为矩形本身的高度。江恩指出，三个高点可能会形成三重顶，当第四个顶出现的时候，就不应该再按顶来看，这时按矩形形态来看是最合理的。

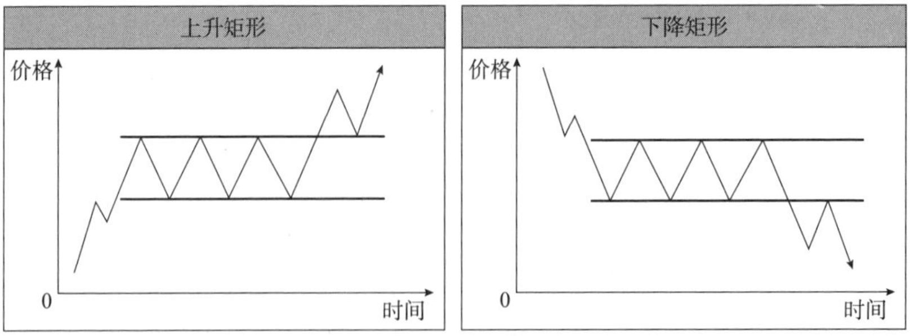

图9　矩形形态

图片来源：作者整理制作。

（3）旗形（上升旗形、下降旗形）形态。

旗形是一种比较常见的整理形态。在急速而又大幅波动的市场中，当价格进入盘局整理阶段时，一段时间内多空双方进行短暂的拉锯战，但从图形来看，似乎仍有一方在占据上风，使行情逐步上升或下移。若将价格移动的上端或下端各点连成一条直线，就会形成一个稍微与原来趋势呈相反方向倾斜的近乎平行四边形的旗形形态。旗形形态根据价格运动方向的不同，可分为上升旗形和下降旗形两种，如图10所示。

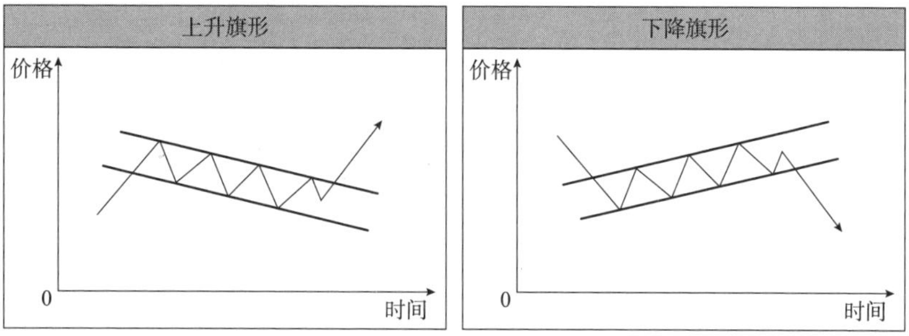

图10　旗形形态

图片来源：作者整理制作。

上升旗形一般出现在价格经过一段比较迅速的升势后受阻，价格开始在上升的途中盘整，形成一个狭长、震幅不大的密集区域。把这个密集区域的几个相对高点和相对低点分别连接起来，就可以画出两条平行的直线，这就是上升旗形。由两条平行线形成的平行四边形是旗形的旗面，价格开始上涨的起点到价格开始进入整理前的第一个高点的距离是旗形的旗杆。理论上，上升旗形突破后再次上涨的高度倾向等于旗形出现前的高度，即等于旗杆的高度。

下降旗形一般出现在价格经过一段比较急速的下跌中。价格从高点一路下跌后，在某一价位段获得暂时的支撑并开始盘整，形成一个狭长且稍微向上的价格密集区域。把这个密集区域的相对高低点分别连接起来，就可以画出两条近乎平行的直线，这就是下降旗形。由两条直线形成的近乎平行四边形的图形是旗形的旗面，价格开始下跌的高点到价格进行旗形整理的第一个低点的距离是旗形的旗杆。理论上，下降旗形突破后再次下跌的跌幅倾向等于旗形出现前的跌幅，即旗杆的长度。

均线如水，股价如船

在交易时段，股价不断在变化，如何记录价格及其变化，就成了摆在市场参与者面前的一道难题，为此先贤们创造了很多办法来进行处理。当固定时段的价格可以用K线和美国线来显示时，接下来的问题，就是多个固定时段的汇总统计结果如何标示。随着时间的推移，多个固定时段的汇总统计结果会根据包含的固定时段范围的变化而变化。这就是移动平均线，简称均线。人们先是创建了简单算术移动平均线，然后又出现了加权移动平均线，再搞出了指数加权移动平均线。根据美林证券的研究，均线虽然越发复杂，却并没有让绩效得以改善，所以最后大家都只使用简单算术移动平均线了。

均线代表的含义，是一段时间内整个市场的平均成本。因此，如果当前的价格高于均线，就可以理解为买进动力足，反之就是买进动力不足。而均线根据被平均的个体数量不同，可以建立起均线流，比如，在日线走势上，可以5/10/20/30/60/120/250等为参数，建立均线流，这时候外观感觉像潮水起伏，因此会有“均线如水，股价如船”这个说法。然水能载舟，亦能覆舟，当股价在均线流之上时，是安全的；而股价被均线流压迫时，无疑是危险的。

很多人诟病均线买卖信号的滞后性，但作为技术分析门类中的一项重要内容，均线有时被称为弯曲的趋势线，在研判和追踪趋势方面，有着非常重要的作用。很多时候，慢就是快，这一点在均线系统上反映得比较明显。著名的海龟交易法则，就是建立在一款中长期日线均线基础上的交易法则，当然，追求短期收益的市场参与者是无法忍受的。

葛兰威尔移动八法

“葛兰威尔移动八法”是移动平均线理论创立者美国投资专家Joseph E. Granville（葛兰威尔，又译为格兰威尔、葛兰碧、葛南维）提出的交易观念。使用Granville的名字命名，因此也译作“葛兰威尔八大均线买卖法则”。根据移动平均线的八种状态来判断是该买入、卖出，还是持有。如图11所示。

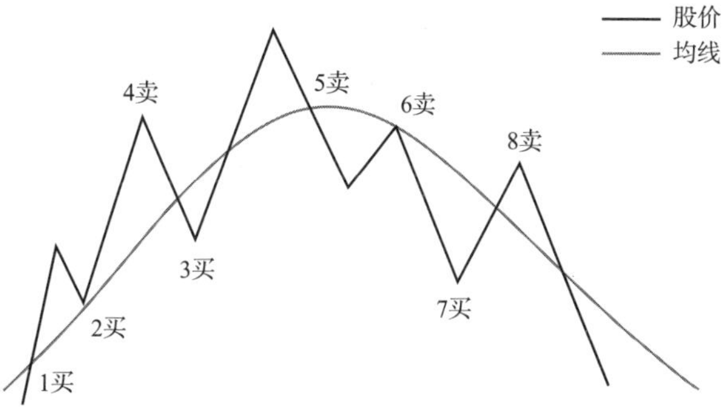

图11　葛兰威尔八大均线买卖法则

图片来源：作者整理制作。

1买：均线从下降转为上升，价格从均线下方突破看涨，为买进信号。

2买：价格在均线上，下跌并未跌破均线且立刻反转上升，为买进信号。

3买：价格虽跌破均线，但立即回升到均线上，此时均线仍然保持上升，为买进信号。

4卖：价格突然暴涨，且远离均线，则有可能回落，为卖出信号。

5卖：均线从上升逐渐转为横盘或下跌，价格向下跌破均线，为卖出信号。

6卖：价格在均线下，价格上升并未突破均线且立即反转下跌，为卖出信号。

7买：价格突然暴跌，跌破且远离均线则有可能反弹上升，为买进信号。

8卖：价格向上突破均线，但立即跌至均线下，此时均线仍然保持下降，为卖出信号。

我们看到葛兰威尔移动八法所作出的八种基本判断，几乎都是定性原则，而不是定量原则，因此在实操中，仅根据这些简单的依据，经常会丈二和尚摸不着头脑，误判概率很高。所以把葛兰威尔移动八法作为买卖法则有点儿简单粗暴了，我们实际上是把它作为研判的法则。即定义市场当前所处趋势位置，是处在八个原则具体所指向的哪个。这时，我们显然可以发现一个巧合，就是这些买卖位置似乎与缠论存在某种相似之处。抑或这根本就不是一种巧合，缠师李彪或许就是通过葛兰威尔移动八法的提示产生的灵感也未可知。

缠论

要说李彪是谁，可能知道的人少之又少，可要说缠论，只要研究过技术分析的人都会有所耳闻。虽然对于缠论，世人毁誉参半——有人说这是“炒股第一神术”，也有人说学了之后是“惨论”。但不可否认的是，缠论作为一种分析思路和操作方法，在散户当中依然有着众多的拥趸。正如缠中说禅博客中所说，人生学习最悲哀的不过是，因为无知傲慢错过真正的好东西，又因为无知贪婪在假东西上耗费生命。按笔者浅陋的理解，缠论其实和波浪理论一脉相承，对市场的刻画和诠释非常相近，两者都基于较为严谨的数学逻辑推演；然而，两者的思维框架和目标设定，乃至文化背景元素均有所不同，加之表述和阐释的方式迥异，形成了不同风格的两种理论。应该说，波浪理论偏向于某一品种或整个市场价格运行的大级别框架构造，而缠论更加注重无差别认知价格波动中由看似随机的变化可能性抽取出具有必然性的转折机会。江湖上有句话叫作“数学不会，就是真的不会”。有时候笔者甚至怀疑把金融列为大学里的文科专业会不会是一场误会。或者反过来说，数学，也应该属于社会人文科学，而不应该被简单地视为自然科学。

缠论建立在2006年6月—2008年10月这两年多的缠中说禅博客内容基

础上，在缠师李彪离世后，由部分忠实“铁粉”整理结集。笔者揣度，应该是缠师自知来日无多，不希望自己生平绝技就此湮没，通过网络寻找有缘之人或可传承发扬。因此我们今天见到的缠论著作主要被称作《缠论108课》，而且人人都声称自己才是真正懂得缠论精髓的传承之人。

那么笔者在读者面前所能展示的，一定只是笔者管中窥豹的结果。在笔者看来，缠论比之其他各种理论，更注重实操，以至于把操作进出场点选择作为理论的重要组成部分，也可能这本就是最重要的组成部分。因此笔者认为缠论的核心精髓就是“买点买，卖点卖”。为了做到这一点，缠论设定了三类买卖点。而其他任何缠论组成部分，都是为了设定三类买卖点，以及论证三类买卖点的科学性、合理性和排他性。如图12所示。

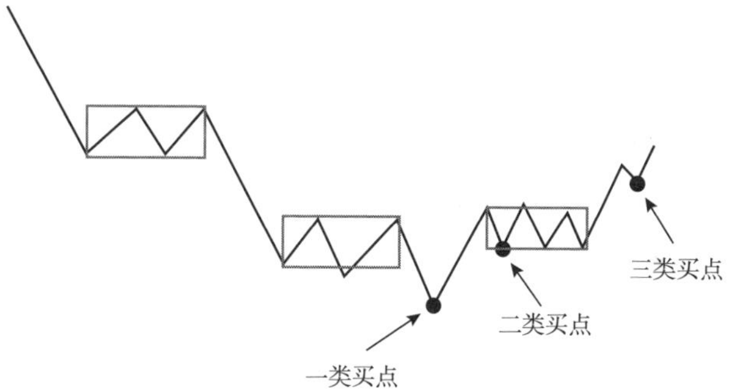

图12　三类买点

图片来源：作者整理制作。

一类买点：某级别下跌趋势中，一个次级别走势类型向下跌破最后一个缠中说禅走势中枢后形成的背驰点。一类买卖点，就是趋势背驰的买卖点。而要形成趋势背驰，前面至少要有两个同向的中枢。

一类买点，即背驰点。之后面临两种可能的情况：盘整和上涨。如果出现的是盘整，在盘整的高点先出掉。

二类买点：某级别中，一类买点的次级别上涨结束后再次下跌的那个次级别走势的结束点。

二类买点是和一类买点前后依次出现的，所以不可能重合。

一类买点的位置只可能是中枢下，二类买点的位置因为力度不同，所以可以在任何位置出现。

（1）在中枢下出现：其后的力度就值得怀疑了，出现扩张性中枢的可能性极大；

（2）在中枢中出现：出现中枢扩张与新生的机会各占一半；

（3）在中枢上出现：中枢新生的机会就很大了。

三类买点:次级别走势向上离开中枢，其次级别走势的向下回抽不触及中枢，这就是三类买点。三类买点的位置只在中枢上方（对应中枢的扩张或新生）形成。

三类卖点，反过来就是。

金字塔买入法初探

金字塔式投资法是股票投资的一种操作方法，是分批买卖法的变种。此法是针对股价价位的高低，将简单的三角形（金字塔形）作为买卖的准则，来适当调整和决定股票买卖数量的一种方法。

一般意义上对金字塔买入法的理解是：

金字塔买入法，正金字塔（正三角形）的下方基底较宽广且越往上越小，宽广的部分显示股价价位低时，买进数量较大；当股票价格逐渐上升时，买进的数量应逐渐减少，从而降低投资风险。例如，某投资者预计某只股票价格看涨，他以每股20元的价格购进1000股。当价格涨到每股23元时，他又买进了 500股，如股价再涨至25元时，投资者仍然看好股价，可以再买进100股。至于该买进多少数量和何时终止购买行为，完全依资金的多少、股票的优劣程度、股市的人气状况，由投资者自行决定。

笔者的意见为，这是一个典型的未经实战检测的解释说法。

在实战中，金字塔买入法所面临的问题是：①为什么要在更高的价位上增仓？②价位如果逐步走高，应该高多少合适？③如果增仓，增仓的比例如何确定，到底增仓多少？或者说，应该使用的是正金字塔买入法还是倒金字塔买入法？

笔者的思考，问题①，可以按缠论的分级别建仓思路，例如，在5分钟图级做试探性建仓，如果走势升级为30分钟图级，则进一步增仓，如果再进一步升级为日线图级，那么仓位应进一步提高。因此会在阶段性上升行情不断向纵深发展的过程中，逐步增加仓位，而且仓位增加的幅度是越来越大，而不是越来越小。问题②，进场价位逐步提高并不是僵化地按照比如每增加10%则增仓多少比例，按缠论逻辑，可以是一类买点做试探性建仓，二类买点增大仓位，三类买点仓位建满的做法。问题③，则是争议的关键，笔者的思路是金字塔买入法的基本逻辑是倒金字塔模式。也就是说，在建仓初期的仓位较轻，后续确认升势时仓位增加比例都应该超过初期，否则后续增仓起不到效果。很多投资者担心后续以更高价位增仓会抬高整体持仓成本。我们可以简单地算一笔账，来看看实际增仓导致的持仓价格上升的结果如何。

例如，我们第一次建仓为5元10000股，第二次建仓为6元20000股，第三次建仓为7元40000股，忽略交易费用等因素，首次建仓成本为5元，再次建仓成本为5.67元，第三次建仓后成本为6.42元，在后两次都是倍增的情况下，持仓成本上升的速度并没有想象中快。但持仓总量快速从10000股增加到70000股。而如果倒过来，最不理想的是，如果行情在向纵深发展，升势有确定性时，仓位从40000股仅增加到70000股，增加不到一倍，不容易起到增收的效果。先小仓位后快速增大仓位的好处在于如果行情仅限于小级别，那么初始投入资金不宜过大，如果行情不利，及早收手止损形成的损失有限，而如果行情给力，那么快速增大仓位取得与之相匹配的收益才是合理的资金管理手段。

寻宝图

在江湖上，曾经有一个传说，这个传说就是寻宝图。在股市上，也有一个传说，这个传说也是寻宝图。寻宝图这个东西，很多人都在贩卖，感觉有些像《如来神掌》，网上也能找得到，但真正的寻宝图是什么样子，似乎一直是云山雾罩。然而我们如果想做一个合格的投机分子，怎能不在寻宝图上面蹚一蹚浑水呢。就像江湖上打打杀杀夺来的羊皮纸，如果你不知道那上面画的到底是雪山海岛还是大漠戈壁，也不过是废纸一张。

真正的寻宝图（图13），口诀叫作：建仓—洗盘—拉升—出货。描述的是主力运作的四个环节或者叫四个阶段。当然，如果主力认为没有达到预期效果，任意环节都是可以反复重演的。这四个环节类似自然界的四季循环，但并非一一对应，因为市场有自己的内在规律。而股市寻宝图之所以被称作寻宝图，是因为当我们洞悉了主力运作的规律，根据行情演进的阶段，就可以找到合适的位置介入，搭乘主力的“顺风车”，踏上财务自由之路。

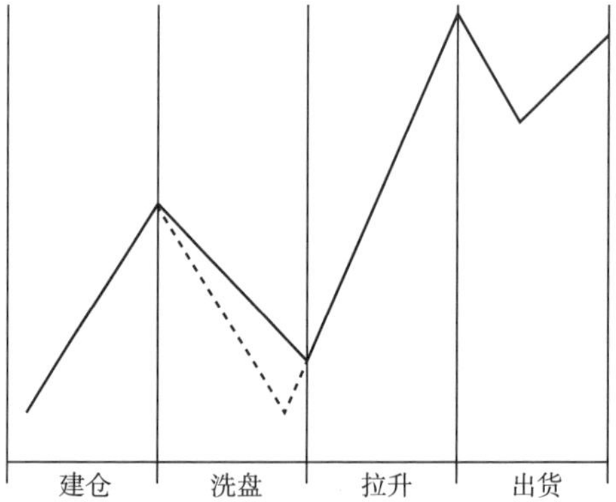

图13　股市寻宝图

图片来源：作者整理制作。

我们需要了解寻宝图的原因，就是如果我们自身没有能力运作行情的时候，我们需要知道行情发生—发展—高潮—结局的演变过程，没吃过猪肉，也要看过猪跑，以免成为主力运作走势的牺牲品。一将功成万骨枯，主力的成功运作背后，是以千千万万散户成为接盘侠为条件的。散户成为接盘侠时，是认定了对手方就是“凯子”才敢大胆压上的，却因为不懂得寻宝图这种行情运作规律，而误把陷阱当馅饼。如果我们自身有能力运作行情，就更需要知道行情发生—发展—高潮—结局的演变过程。尔虞我诈是这个市场的主流，人傻钱多会被更多人惦记。机构投资者闹心的最大问题就是流动性，如果能找到一个接盘方，则烦恼就可迎刃而解。曾经讲的一个案例，教你坐庄就是个好办法。所以寻宝图这种东西，一定是不能拿来随便兜售的。我们这个版本的寻宝图，说到底其实也不是真的，仅供大家茶余饭后消遣之用，真东西怎么可能友情大放送呢，是不是?

建仓

主力建仓的核心逻辑是两个：一个是骗筹，一个是抢筹。这其实很好理解。要么就默默地逢低吸纳；要么就以迅雷不及掩耳之势横扫一切牛鬼蛇神。后者需要的是财大气粗，但主力虽然叫主力，其实也非钱多到花不完。那样的人都在享受生活，谁还辛辛苦苦地炒来炒去呢?多累啊。所以采用拉高建仓方式的主力所占的比例不大，主流采用的建仓手段大部分是低吸，如果股价不够低，那就想办法砸低。

我们看到图上主力建仓的表现通常是碎阳慢升，其内在的核心逻辑就是抗日电影《地道战》里面的经典台词：“悄悄地进村，打枪的不要。”因此碎阳慢升阶段的成交，通常处于较低水平。但是，整体日内走势基本是低开高收，所以外在表现是小阳线。放量在建仓区的表现，就是所谓脉冲式放量。脉冲式放量即放量之后，成交很快萎缩下来，然后再放大，类似电波脉冲信号的样子。脉冲式放量一般处于碎阳慢升之后。

洗盘

所有常规的思维逻辑里面，都会认为主力建仓之后就是拉升出货，这种可能性是有的，但前提条件是主力拿下了全部流通筹码。这属于理想状态，实际运作过程中，很难做到这一点。因此常规是建仓之后必须进行洗盘，否则主力相当于在“裸奔”，洗盘相当于动画片儿里的崂山道士拿了一片树叶说：“你看不见我。”我们前面提到的重套出黑马，就是这个原因。洗盘的特点就是连续下跌，基本不放量。让跟风盘晕菜，以为自己犯了错误。

拉升和出货

拉升段落没什么好说的，有时拉升会出现几个走势段落，要注意出货在拉升过程中已经在着手进行了。但我们标定的出货段落，通常出现在拉升之后，这只是为了解释说明操作的循环过程，实际的运作从来不是僵化的，就像范德彪说的，按套路打。出货段落按缠论的说法，就是二类卖点，对应的看法，拉升过程就属于一类卖点。

江恩理论

港台地区很多的书籍和文章，会把江恩称为甘，或者甘氏。江恩信仰坚定，这是他成功的关键，也是很多人无法理解他和他的理论的主要障碍。我们并不是说，必须取得类似的身份或角色才能在资本市场获得成功，但类似的思维方式确实会提供很大的裨益。因此江恩理论的主攻方向，多多少少会和历法扯上关系。我们一直跟大家说，市场分析其实是分成三个层次的，即所谓方向、幅度和时间。涉及历法，其实就是在时间这个维度做文章。而时间的计算核心就是周期。因为很多人对时间这个高层次的分析逻辑没有概念，这导致江恩理论很多时候被列为玄学。这很正常，玄学很多方面也与历法息息相关。既然我们研究的内容就是市场的前世今生，那在笔者看来，把技术分析和算命相提并论，应该没有贬义的色彩。不过，笔者眼中的江恩理论，是基于数据统计基础上的分析结论，搁到现在，那就叫大数据。只是当年的江恩，好像还没有电脑，钻在纽约图书馆，查阅了200多年的股票交易记录，抽丝剥茧地发现了市场的周期变化规律。从这个角度来看，玄学的神秘主义色彩，也许只是源于缺乏了解。香港有位研究风水学人士李居明曾经说，他们建立了大量的客户档案，发现相似八字的人会有相似的状况或运势。这其实也属于数据统计分析，跟江恩的研究方式雷同。

（1）本金使用量。将投入市场的本金分为十份，每次买卖所冒风险不应超过本金的十分之一。

为什么要把本金分份儿？第一个考虑是防止一次亏完。这个思路基本会有，但还有第二个考虑，就是从盈亏的比率去考虑。只有每次投入市场的资金规模相同，才能保证实操的收益率和统计预计一致，这一点在止损专项讨论中已有提及。而把本金分成十等份的原因是江恩讲的都是在有杠杆的模式下交易，否则风险很大，稍有不慎，本金可能全部损失，而分成十等份，每次全部损失，也只有10%。

（2）使用止损单。小心使用止损盘，减少每次出错可能导致的损失。（错误的解读：在做交易时，总是用1~3美分的止损单加以保护，止损单永远不要超过5美分。棉花的止损单是20~40个点，永远不要超过60个点。）

做交易的时候，使用1%~3%的止损范围，止损不要超过5%，按第一条所述，每次投入本金的10%，如果止损超过5%，本金亏损过半，风险过大，便起不到止损的意义了。用棉花期货来举例子，示意止损幅度设置。每个点是价格跳动的单位。

（3）永不过度交易。（错误的解读：过度交易会破坏你的本金使用量规则。）

还有一个版本解释为不可频繁交易。这说明把过度交易解释为超过10%的资金使用量明显是错误的，这也合理，因为如果是这样，那第三条和第一条内容重复。但频繁还是不频繁不是交易者自己决定的，而是要由市场来决定。在频繁和过度之间，还是过度更贴切一些。而且这里解释为频繁交易，又变成了跟第十七条重复。

（4）永不让利润变成损失。（举例说，买卖后已有利可图，此时应将止损位逐步降低，以免因市势转运而引致损失。一旦你获得了3美分或更多的利润，就提高止损单。这样你就不会有本金的损失。进行棉花交易时，当利润是60个点或更多时，就把止损单设置在你不赔不赚的地方。）

这里仍需要注意的是，不是3美分，而是3%。当有3%浮盈的时候，就把止损设在保本价。另外止损位的高与低，指的是止损的幅度大小。

（5）不要逆势而为。

抄底和逃顶是最常见的逆势操作。凭感觉的结果一定是反趋势的操作。

（6）犹豫不决，不宜入市。

看不准时就离场，并且不要在看不准时入场。市势不明朗的时候，宁可袖手旁观。如果你不能根据走势图以及各项规则确定趋势，就不要买入或者卖出。

笔者的建议是每次入市的时候，需要把自己的理由写下来，如果不能认定是根据规则而建立的仓位，也无法按规则退出，结果只能是随波逐流。

（7）只在活跃的市场中交易。买卖疏落而不活跃的市场不沾手。远离运动缓慢、停滞的市场。

这条说的是流动性风险，如果流动性差，平仓的时候可能都找不到对手盘，有可能实际成交结果与预期落差很大。

（8）只可买卖2~3种商品，太多难以兼顾，太少则表示风险过于集中，两者均不适当。（错误的解读：平均分配风险。如果可能，就交易两三个不同的商品。避免将所有的本钱套在一种商品上。）

江恩的建议是系统化的操作，首先是本金分成十等份，每次只动用十分之一，然后在这里告诉大家，仓位其实就是2~3成，太多了仓位过重也照顾不过来，太少了仓位过轻，盈亏意义不大。错误解读的说法是平均分配风险，我分成十等份就是在平均分配，现在是仓位配置。为了避免将所有本金套在一种商品上，这个思路，忽略了本金分成十等份的前提条件。如果全仓，套在一种商品上和套在三种商品上没什么区别。

（9）不要限制你的委托单，或者设定一个买入卖出价格。按市价交易，否则可能因小失大。

限价交易和现价交易要分清楚，现价交易就是市价交易。江恩的建议是市价交易，也就是现价交易。不建议的是限价交易。国内A股市价用得比较少，那么我们其实是采用的卖出照买一价打、买入照卖一价打的方法。

（10）没有充足的理由就不要随意平仓。用止损单跟进，以保护你的利润。

基金经理所能犯的最大错误，就是放跑了一个大牛股。买进和卖出一定要按规则走，按信号进出。此即所谓系统化交易，而不是跟着感觉走。

（11）累积盈余。在你进行了一系列成功的交易后，将一些资金存入一个盈余账户，只有在紧急情况下或者大恐慌时候才动用该账户中的资金。

如果市场走势是大涨后出现大跌，那么个人的操作绩效其实也会潮起潮落，要是知道了自己不会一直顺风顺水，那么在无往不利的时候，早做准备显然是合理的。

（12）永不为了蝇头小利而买卖。

市场不会走直线，在大涨过程中也会有若干小级别的回调，本条军规所指的是操作要按大趋势，不要什么钱都想挣。

（13）永不分摊损失。这是交易者会犯的最糟糕的错误之一。不可以加死码，第一注出现亏蚀，表示入市错误，如再强行增加持仓合约数量，谋求降低成本，可能积小错而成大错。智者不为。

笔者还是那句话，按系统交易。江恩的系统，每次本金只投入10%，摊低成本就会加大单笔投入比例，打乱整个部署，不是不能摊低成本，而是按江恩的套路，就不允许摊低成本，错了就止损。投资人在入市之前就要想好按哪个路子走。

（14）绝不因为失去耐心而离开市场，或者因为迫不及待而进入市场。

这里再次提到财不入急门，《道德经》中说静为躁君。主力对付散户的办法就两个，其中一个就是“拖”。

（15）胜少负多的买卖方式，切戒。（错误的解读：指每次胜负金额而言，避免赚小利，亏大钱。）

本条军规说的是风险回报比，一般来说，风险与收益的比最好达到1∶3，最低也应该达到1∶2（才划得来）。如果是1∶1，算上各项费用已经无利可图，如果低于这个水准那真是不要做了。错误的解读看结果，而咱们看的是预计。

（16）入市之后，不可随便取消止损单。

市场行情云谲波诡，瞬息万变，因此止损单的保护很重要。

（17）避免过于频繁地进出市场。（买卖次数不宜过于频繁。理由有二：第一，多做多错；第二，佣金及价位上的损失将会降低获利机会。）

不要频繁交易的最重要原因，既不是多做多错，也不是因为出不起佣金，而是精力都放在了短差上，就容易忽略了对整体趋势的判断和把握。

（18）要像愿意买进那样愿意放空。将你的目标设定为跟随趋势并赚钱。顺势买卖，在适当情况下，顺势抛空可能获利更多。

习惯于股票交易的人，容易习惯性做多，而不习惯做空。要克服思维惯性。

（19）不可贪低而买入，亦不可因价高而沽空，一切应以趋势而定。永远不要因为商品的价格低而买入，或者因为价格高而放空。

自己认为的高和低，与市场实际的高和低完全不同。港股市场上有一种仙股，散户认为都已经跌到一分钱了，还能怎么跌？结果发现人家把十股并成一股，再跌到一分钱。

（20）在适当时候以金字塔买入法增加持仓合约的数量，小心别在错误的时候加码。等到商品非常活跃而且突破了阻力位时再加码买入，并且等它跌破了派发区之后再加码放空。

本条涉及具体操作的规则，笔者的看法是，江恩操作模式与缠论第三类买卖点趋同，还是那句话，幸福的家庭是相似的。

（21）挑选显示出强劲上升趋势的商品加码做多，并且挑选显示出明确下跌趋势的商品放空。

规则本身并不复杂，难在依教奉行。正所谓三岁小儿都知晓，八十老翁行不得。

（22）不要对冲避险。如果你做多一种商品而它开始下跌，不要放空另一种商品来对冲避险。你应该做的是离开市场，认赔，等待下次机会。

锁仓的结果是不会有结果。左右互搏必有一伤，搞不好两败俱伤。

（23）没有充分的理由就不要变换你在市场中的位置。当你做交易时，让该交易依据某个充足的理由或者根据某个明确的规则；每次买卖均要经过详细的策划，买卖理由充分，而又没有违背既定规则，始可进行。在没有出现明确的迹象表明趋势变化前，不要离场。

本条强调的是不要随意变换在市场中的多头或者空头仓位，空翻多或者多翻空。既然是依据趋势操作，趋势是不会随时变换的。

（24）买卖得心应手的时候，请勿随意加码，这个时候最容易出错。避免在长期成功或者一段赚钱交易时期立即增加交易。

本条与第11条是相互配合的，不但不应该加码，而且应该提出一份风险准备。

（25）不要猜测市场何时见顶，让市场证明哪是顶部；不要猜测市场何时见底，让市场证明哪是底部。遵守明确的规则，你就可以知道市场何时见顶、何时见底。

抄底和逃顶的感觉太爽了，但让你感觉爽的东西，都会让你付出代价。

守拙，等待市场的信号。

（26）不要听从别人的建议，除非你确信此人的市场知识很高，值得学习。

屁股决定脑袋。别人的建议是从别人的考虑出发，自己要考虑自己的事情，就算值得学习的人，其意见也只能作为参考，不能代替自己决策。

（27）买卖出现亏损的时候，减低注码。

这是赌场博弈的基本规则，同样也适合交易。

（28）入市错误，出市错误固然不妙；入市正确而出市错误亦会减少获利的机会。

错误解读，并非翻译上遣词造句中的瑕疵，而是对叙述内容的理解偏差很大，非常容易误导观众。

系统化交易指的是进场和出场均通过系统操作来进行，在这两者之间，显然出场更为关键。因为无论进场正确与否，只要出场是错误的，就锁定了错误。

波浪理论——趋势与预测

作为波浪理论的创立者艾略特，从他语焉不详的经历简介中，我们似乎可以得出一个推断，他大概是一名特工，被派往中美洲，因为不适应热带雨林的气候而生病退休了。之后在佛罗里达的海滩疗养，估计还有一笔退休金拿来做投资。据说他从海浪的潮汐中获得了灵感，结果创立了波浪理论。但把艾略特的波浪理论推到理论高度的并非艾略特本人，1978年小罗伯特·普莱切特与阿尔弗雷德·约翰·弗罗斯特合著了《艾略特波浪理论：市场行为的关键》一书，方才使得波浪理论受到万众瞩目。波浪理论实质上是一种思维框架体系，因此在众多的技术分析理论中应该归为偏宏观的类型，当然，这并不是说它在微观上不适用或者说它会倒向基本分析模式。其基础结构称为八浪循环，即五浪推动+三浪调整的结构。然而曲高和寡，知音难觅。因此笔者以为，对于普通市场参与者来说，能够从艾略特描述的波浪个性方面对市场进行理解，已难能可贵。

波浪个性的观点是对波浪理论的重要扩展。它具有把人类行为更加个性化地代入方程的优势。艾略特波浪序列中每一浪的个性，是反映它所包含的群体行为的必不可少的部分。群体情绪从悲观到乐观，再从乐观到悲观的前进，在每个时间轮回中往往沿着相似的路径。这在波浪结构中的相应点产生了相似的环境。如图14、图15所示。

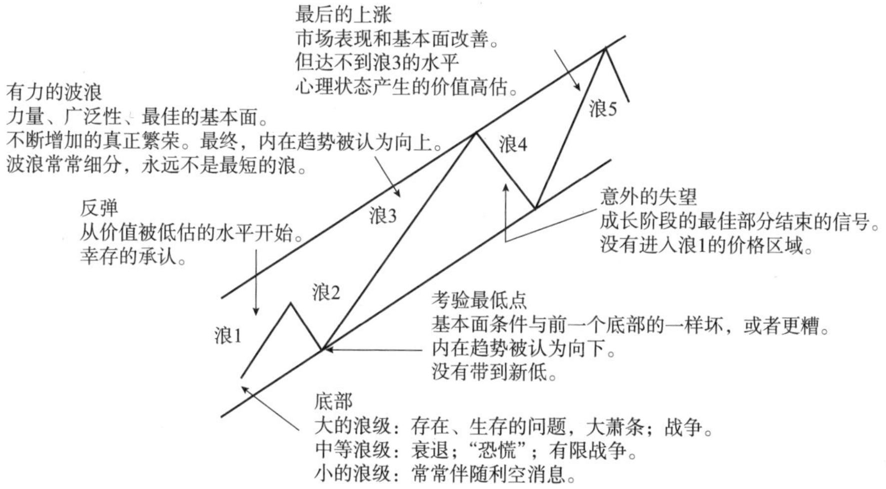

图14　推动浪（上升阶段）波浪个性

图片来源：作者整理制作。

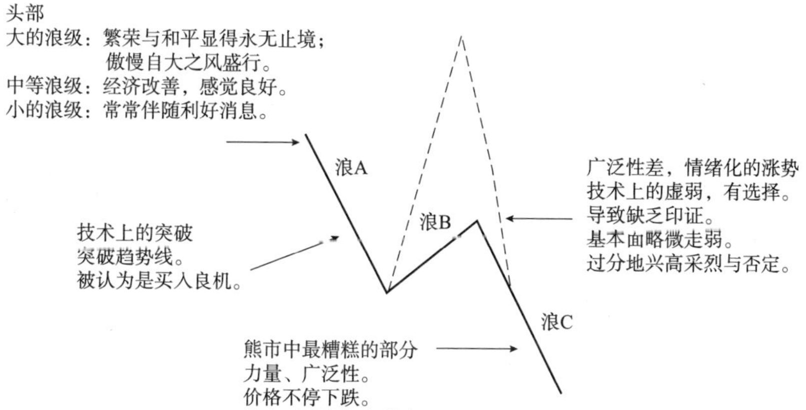

图15　调整浪（下降阶段）波浪个性

图片来源：作者整理制作。

浪1——粗略估计，大约一半的浪1是“打底”(Basing)过程中的一段，因此它们常常被浪2大幅调整。然而，与先前下跌中的熊市反弹相比，浪1的上扬在技术上更有结构性。常常显示出成交量和广泛性的轻度增加。此时大量的卖空显而易见，因为大多数人最终开始确信大势向下。投资者最终“又多了一次做空的反弹”，因而他们抓住不放。另外，50%的浪1，或是从先前的调整浪形成的大底部涨起，或是从下跌失败涨起。这样开始的浪1非常有力，仅有略微的回撤。

浪2——浪2常常回撤掉浪1的大部分，因而到那时获得的大部分利润会在浪2结束时丧失殆尽。这在买入看涨期权(Call Option)中尤其明显，因为在浪2的恐慌环境下，权酬(Premium)猛烈下跌。此时，投资者彻底相信熊市又回来了。浪2常常以非常低的成交量和波动性结束，这表明卖压正在消失。

浪3——浪3是要看到的奇迹。它们强劲且广泛性强，因此这时的趋势准确无误。因为信心恢复，有利的基本面逐渐进入画面。浪3通常产生最高的成交量和最大的价格波动，而且大部分时候是序列中的延长浪。当然，它符合浪3中的浪3，诸如此类，在任何波浪序列中将是力量最具爆炸性的时候。这种时候总免不了产生突破、“持续”跳空、成交量放大、异常的广泛性、主要道氏理论趋势的印证，以及失去控制的价格运动。这根据浪级在市场中产生了巨大的小时盈利、日盈利、周盈利、月盈利或年盈利。基本上所有的股票都参与到了浪3中。除浪B的个性外，浪3的个性在波浪展开时能提供最有价值的数浪线索。

浪4——浪4的深度和形态是可预测的，因为根据交替指导方针，它们应该与先前相同浪级的浪2不同。浪4往往呈横向走势，为最后的浪5运动打底。表现不佳的股票在该浪期间做头并开始下跌，因为首先只有浪3的力量才能在它们之中产生运动。市场中的这种初步恶化开始了没有印证和浪5中走软的微弱信号的阶段。

浪5——就广泛性而言，在股市中浪5的力度比浪3小。通常它们还显示出较低的价格变化最大速度，如果浪5是延长浪，那么浪5中浪3的价格变化速度可能超过浪3的价格变化速度。相似地，虽然成交量常常在循环浪级或浪级更大的相续的推动浪中持续放大，但它只有在浪5延长时才出现在大浪级以下的浪5中。否则的话，寻找较少的成交量是浪5中的规则而不是浪3中的规则。市场参与者有时指望在长期趋势的尽头出现“喷发”（Blowoff），但股票市场没有在顶峰达到最高加速度的历史。即便浪5延长，浪5中的浪5也缺乏产生这种现象的活力。在上升的浪5中，尽管广泛性逐渐变窄，投资者的乐观情绪却异常高涨，而且，市场活动确实比前面调整浪中的反弹增加了。

浪A——在熊市的浪A期间，投资界一般确信这次反作用浪只是下一波上升行情前的退却。大众蜂拥买入，尽管有这种个股形态上的第一个真正的技术性破坏裂纹。浪A为随后的浪B定下了调子。五浪结构的浪A意味着浪B是锯齿形调整浪，而三浪结构的浪A意味着平台形或三角形调整浪。

浪B——浪B是赝品。它们是无知者的举动、牛市陷阱、投机者的天堂、零股投资者心态的放纵，或愚蠢的机构投资者自满情绪的显露（或两者兼有）。它们通常只集中于少数股票，没有被其他平均指数“印证”，技术上也极少是强势，而且注定要被浪C完全回撤。如果分析人士可以毫不费力地对自己说，“市场出问题了”，那它很可能是浪B。浪X以及扩散三角形中的浪D——都是调整浪上升行情，有相同的特征。

浪C——下跌浪C的摧毁性极强。它们是浪3，而且有浪3的大部分属性。就是在这段下跌行情中，实际上除现金以外无处可藏。在浪A和浪B中抱有的种种幻想往往灰飞烟灭，因而恐惧控制了一切。浪C持续时间长，且广泛性强。在大熊市中，向上调整浪中的上升浪C一样强劲有力，因而可能被误认为一轮新的上升摆动的开始，这尤其是因为它们以五浪方式展开。

浪D——除扩散三角形中的浪D外，所有的浪D常常伴随成交量放大。这很可能是因为非扩散三角形调整浪中的浪D是混合物，是部分的调整浪，然而它又有浪1的某些特征，因为它们跟在浪C后面而没有被完全回撤。在调整浪中，上升的浪D与浪B一样是赝品。注意浪D与浪E均出现于三角形调整浪中。

浪E——三角形中的浪E，在大多数市场观察者看来，是做头后一轮新的下跌趋势的戏剧性开始。它们几乎总是伴随支撑力强的消息。这连同浪E将要对三角形的边界线形成假突破的趋势，在市场参与者本应准备反方向的实质性运动的当口，坚定了他们看跌的信念。因此，作为终结浪的浪E的参与心理，同浪5一样情绪化。

波浪理论是众多技术分析理论中少有的能够提供预测功能的方法论。然而波浪理论的预测并非其主要目的，预测只是其方法应用而带来的副产品。例如，一个完整的五浪结构完成后，我们可以进行简单的预计，随后市场将出现一个三浪结构的调整。但是需要注意的是，理论工具毕竟仅是工具，在能工巧匠鲁班手里，资质平庸的普通木匠手里，或手无缚鸡之力的秀才手里，发挥的效用，不具有可比性。

威科夫理论

理查德·威科夫（Richard Wyckoff）是股票市场研究技术方法的先驱。在传奇技术分析师的神殿中，或许没有人会比威科夫的地位更高。威科夫在20世纪初观察市场时，首创了一种技术分析方法，至今仍被交易员们广泛使用。威科夫理论是选择盈利品种、最佳买入时机以及最有效风险管理方法的最佳蓝图之一。

通过观察价格走势，威科夫最终形成了他的理论，该理论确定了趋势发展中的关键因素。在他的模型中，这些时期的重要特征是吸筹和派发。威科夫分析了这些造市者和他们的操作，并得出了交易风险和回报最优的结论。他展示了在任何时候止损的位置，管理任何交易风险的重要性，还解释了在大趋势（看涨和看跌）中股价运动的技术。

威科夫市场观察的关键部分是价格走势。为了从整体上理解资产和市场，他开发了一种实用的方法，称为“合成人”（Composite Man）。

威科夫的“合成人”提出了这样一种理论：市场上的所有价格波动都应被视为一个人操纵资产的结果。如果你不理解他的游戏规则，资产就会从你手中流失。如果你理解他的游戏规则，这将对你有利。

他给交易员的最大建议是像这个虚构的合成人一样玩游戏。他认为，市场的波动是由于真正的买卖，还是由于更大的经营者人为操纵价格，这并不重要。

合成人

威科夫将“合成人”（或“复合算子”）作为市场的假想身份。他建议投资者和交易员可以像研究单个实体那样来研究股票市场，这将使他们更容易顺应市场趋势。

本质上，“合成人”代表着最大的参与者（做市商），例如富有的个人和机构投资者。确保自己可以低价买入和高价卖出，始终符合自己的最大利益。“合成人”的行为与大多数散户投资者相反，威科夫观察到散户投资者经常是亏损的。但是根据威科夫的说法，“合成人”采用的是某种可以预见的策略，投资者可以从中学习。

让我们使用“合成人”的概念来说明简化的市场周期。这样的周期包括四个主要阶段：吸筹、拉升、派发和回落。

吸筹

“合成人”在大多数投资者意识到并行动之前积累筹码。此阶段通常以横向震荡为标志。逐渐增加仓位以避免价格变化过于明显。

拉升

当“合成人”持仓足够多的股票，并且抛售力量枯竭时，他开始推高市场价格。自然而然地，这种新兴趋势吸引了更多的投资者，导致需求的增加。值得注意的是，在拉升的趋势中可能存在多个吸筹阶段。我们可以称它们为再吸筹阶段，在此阶段，较大级别的趋势会停顿并横向整固一段时间，然后继续向上。市场的上涨刺激了其他投资者参与。最终普通公众也变得足够兴奋而参与其中。在这个时段，需求会远高于供应。

派发

接下来，“合成人”开始派发他所持仓的股票。他将自己已经获利的头寸卖给后进场的市场参与者。通常情况下，派发阶段也以横向运动为标志，该横向运动吸收需求，直到需求耗尽。

回落

派发完成后不久，市场开始恢复下行态势。换句话说，在“合成人”卖出大量股票后，他将伺机打压市场。最终，总体上的供应变得远大于需求，下降趋势确立。

与上涨过程类似，回落过程的下降趋势也可能存在再派发阶段。基本上属于大级别价格回落中间的小级别整理。它们还可能包括“死猫反弹”或所谓牛市陷阱，一些买家被套住，期望反弹趋势能够延续。当回落走势最终结束时，新的吸筹阶段展开。